다니엘
나는 바이블 영재!

이대희 지음 | 바이블미션 편

KB206251

엔크리스토
ENCHRISTO

인생의 기초를 성경으로 다져라

십대는 두 번 다시 돌아갈 수 없는 인생에서 귀한 시기입니다.
앞으로 인생을 살아가는 데 있어 기초를 다지는 시기로, 십대를 어떻게
보내느냐에 따라 인생이 달라집니다.

우리가 사는 세상에는 십대를 유혹하는 잘못된 문화와 가치관들이 너
무 많습니다.
세상에 물들지 않고 성경적 가치관과 하나님의 나라를 꿈꾸며 살아갈
수 있는가 하는 것은 모든 십대뿐 아니라 십대를 지도하는 부모와 교사
들이 갖는 중요한 관심사입니다.

십대들을 영원히 지켜줄 수 있는 것은 오직 말씀입니다.
이 시기에 하나님의 말씀으로 얼마나 무장하느냐에 따라 미래의 삶이
결정됩니다.
성경으로 인생의 기초를 다지는 일은 그 어떤 일보다 중요한 일입니다.

틴~꿈 십대성경공부 시리즈는 성경 자체를 배우면서 십대의 삶을 가꾸

는 내용으로 구성되었습니다. 일차적으로 성경개관을 통해 성경 전체의 맥을 잡고, 그 다음으로 구약성경책과 신약성경책을 통해 십대에 관계된 성경의 각권을 선택하여 공부하도록 했습니다.

자매 시리즈인 아름다운 십대 성경공부 시리즈와 함께 연결하여 사용하면 균형 있는 교과과정이 됩니다.

아무쪼록 이 성경공부 교재를 통해 성경적 비전을 품고 말씀과 일치를 이루는 하나님의 사람으로 자라나길 기도합니다.

오직 주님께 영광을…….

이대희

틴~꿈 십대성경공부 시리즈 교재의 특성

1_ 십대들이 꼭 알아야 할 핵심내용과 성경적인 가치관과 세계관을 정립하는 성경공부입니다.

2_ 귀납적 형태를 띤 이야기대화식으로 탐구능력을 키우고 생각을 점차 열리게 하는 흥미로운 성경공부입니다.

3_ 자유로운 토의와 열린 대화를 활발하게 하는 소그룹에 적합한 성경공부입니다.

4_ 영적 사고력과 해석력, 분별력을 키우면서 스스로 적용능력을 점차 극대화시켜 주는 성경공부입니다.

5_ 본문중심 성경공부로, 성경이야기 속으로 빠져들어 말씀의 성육신을 경험하는 성경공부입니다.

6_ 흥미와 재미를 유도하는 주제로 구성되어 있고, 모두가 쉽게 참여하면서 영적 깊이와 변화를 체험하게 하는 전인적인 성경공부입니다.

7_ 성경공부를 통하여 자연스럽게 학과공부와 전인교육에 필요한 논술력, 사고력, 상상력, 창의력, 응용력을 함께 계발시키는 성경공부입니다.

8_ 분반공부와 제자훈련 등 시간(30분, 1시간, 1시간 30분)을 탄력적으로 운영하며 사용할 수 있는 성경공부입니다.

9_ 15년 동안 준비하고 실험한 성경공부 사역 전문가에 의하여 검증된 효과적인 공부 방법과 총체적이며 전인적인 교과과정이 체계적으로 구성된 신뢰할 만한 성경공부입니다.

틴~꿈 십대성경공부 시리즈 전체 양육과정표

'틴~꿈 십대성경공부 시리즈'는 1년 단위로 5권씩 3년동안 성경 전체의 내용을 핵심적으로 다루도록 구성되었습니다. 1년차는 성경 파노라마를 통해 성경의 맥과 개관을 다룹니다. 그리고 구약책과 신약책 중에서 십대에 맞는 책을 선택하여 집중적으로 유형별로 균형 있게 공부하도록 했습니다. 십대 시기에 성경의 맛을 직접 느끼게 함으로써, 앞으로의 삶 속에서 성경을 계속 배우고 실천하는 데 도움을 주는 방향으로 내용을 구성했습니다. 십대를 마칠 때는 적어도 성경의 중요한 맥과 뼈대를 잡고, 성경의 내용을 각권별로 조금씩이라도 살아 있는 말씀으로 경험한다면 평생동안 말씀과 함께 사는 데 큰 도움이 될 것입니다.

	성경개관 시리즈	구약책 시리즈	신약책 시리즈
1권	성경파노라마 – 구약1 성경, 한눈에 쏘옥~	창세기 인생의 뿌리, 꽉– 잡아라	누가복음 최고의 멘토, 예수를 만나라
2권	성경파노라마 – 구약2 성경, 한눈에 쏘옥~	에스더 영적 거인, 빼– 닮아라	로마서 내 안의 복음발전소
3권	성경파노라마 – 구약3 성경, 한눈에 쏘옥~	다니엘 나는 바이블 영재!	사도행전 글로벌 증인이 되어라
4권	성경파노라마 – 신약1 성경, 한눈에 쏘옥~	잠언 지혜가 최고야!	빌립보서 기쁨을 클릭하라
5권	성경파노라마 – 신약2 성경, 한눈에 쏘옥~	전도서 인생이 보인다!	요한계시록 인생승리, 폴더를 열어라

● 각 과는 10과 내외로 구성되어 있으며, 3년 과정으로 중고등부가 모두 사용할 수 있습니다. 각 교회 상황에 따라 순서에 상관없이 책을 자유롭게 선택하여 사용 가능합니다. 과정을 계속 이어가기를 원하면 "아름다운 십대 성경공부 시리즈"(3년차)와 연관하여 사용할 수 있습니다.

틴~꿈 십대성경공부 교재의 구성

본 교재는 다음과 같은 단계로 구성되었습니다. 전체 단계를 잘 이해하고 활용하면 성경공부에 훨씬 효과적입니다.

■ 열린 마음

마음을 여는 단계입니다. 성경공부는 마음을 먼저 열지 않으면 말씀이 들어오지 않게 됩니다. 질문에 편안하게 답하도록 하되 무리하게 답을 끌어낼 필요는 없습니다. 질문을 통해 마음을 집중하는 데 그 의미가 있습니다.

■ 말씀 먹기

말씀 속으로 들어가는 단계입니다. 공부를 할 때, 본문을 먼저 읽고 나서 질문을 통하여 말씀 속으로 함께 들어가는 데 목표를 둡니다. 가능하면 본문을 지식적으로 이해하기보다는 전인적으로 이해하는 접근 방식이 필요합니다. 성경을 이야기 식으로, 글자가 아닌 사건으로 보도록 합니다. 그리고 생명의 말씀을 먹는다는 자세로 의미를 생각하며 질문에 대한 답을 해야 합니다. 그렇게 하면 점차 성경 속으로 들어가는 것을 경험할 것입니다.
일반 학교공부보다 차원이 높습니다. 이것을 터득하면 일반 공부는 쉽습니다(주제별로 구절을 공부하는 방식보다 본문을 통하여 성경지문을 공부하면, 전체 문맥을 이해하는 능력과 아울러 논술·논리·구술·토론 능력이 자동적으로 해결됩니다).

■ 되새김

되새김은 소가 먹은 음식을 다시 되씹는 과정과 같습니다. 말씀을 지식적으로 이해하는 것을 넘어 그 의미를 곱씹는 것입니다. 도움말을 통하여, 이미 알고 있던 말씀의 의미를 다시 한 번 깊게 생각하는 단계입니다. 처음에는 도움말 없이 질문에 대한 답을 스스로 찾아내도록 합니다. 단순히 단어나 구절을 외우는 것이 아닌, 의미를 곱씹어 생각하는 것이 중요합니다.

■ 생각해 보기

본문에서 특별히 생각해야 할 중심 주제를 생각해 보는 단계입니다. 즉, 머리에서 가슴으로 이르게 하는 단계입니다. 말씀을 실천으로 옮기기 위해서는 말씀을 깨닫는 일이 선행되어야 합니다. 가슴으로 깨닫는 것만이 실천에 이르게 됩니다. 이 단계에서 서로 의견을 나누고 토론을 하면 좋습니다. 한 사람의 일방적인 설명보다는 각자의 생각을 자유롭게 나눌 수 있도록 소그룹을 활성화합니다.

■ 삶의 적용

'되새김'과 '생각해 보기'를 통해서 얻어진 말씀을 나의 삶에 적용하는 단계입니다. 단어나 구절을 그대로 실천하는 것은 율법적인 적용이 될 수 있습니다. 의미를 이해하고 그것을 나의 삶에 알맞게 응용하면서 적용하는 것이 바람직합니다.

■ 실천 메시지

본문에서 생각할 수 있는 내용을 정리했습니다. 내용을 읽고 나서 자기의 생각을 나누어도 좋습니다. 실천메시지를 통해서 한 가지라도 분명한 메시지를 가슴에 품고 나의 것으로 적용하며 실천하는 것이 필요합

니다. 상황에 따라 읽거나 정리하거나 보완하는 식으로 메시지를 다룰
수 있습니다

■ 플러스 – 신앙과 공부
말씀은 곧 삶으로 이어져야 살아 있는 말씀이 됩니다. 십대 시기는 공
부가 주된 일입니다. 공부를 즐겁게 하기 위해서는 공부의 맥을 잡아야
합니다. 공부를 신앙과 연결시켜 하면 재미가 있습니다. 신앙과 공부는
별개가 아닌 긴밀하게 연결된 것으로서, 신앙이 좋으면 공부도 잘하게
됩니다. 본문의 성경공부를 통해 신앙이 공부의 현장까지 확대되면 성
경공부가 훨씬 유익한 방향으로 나아갈 수 있고 상호 보완할 수 있습니
다. 잘 활용하여 흥미 있는 성경공부와 학교공부가 되면 좋겠습니다.
신앙과 공부는 별개가 아님을, 상호연관적임을 깨닫는 순간 공부도 재
미있고 신앙도 열성을 품게 될 것입니다. 해당 자료를 통해 생각의 폭
을 넓히는 계기가 되길 바랍니다.

차례

나는 바이블 영재

다니엘이란 이름은 '하나님은 나의 심판자이시다' 라는 의미입니다. 다니엘이 바벨론 1차 포로로 잡혀갈 때 그는 10대 청년이었습니다. 지금의 청소년들과 같은 시기입니다. 이렇게 보면 다니엘은 십대들의 모델로 삼을 만한 인물입니다.

바벨론의 포로 정책 중에 하나는 광맥의 정수를 이송시키고, 그들을 훈련하고 의식화 하여 이스라엘을 다스리게 하는 일이었습니다. 다니엘은 60년 동안 바벨론에서 사역을 했습니다. 다니엘은 에스겔보다 8~9년 위이면서 동시대 사람입니다. 다니엘은 바벨론의 처음 왕인 느부갓네살과 마지막 왕인 벨사살, 그리고 바사(페르시아)의 다리오와 고레스를 거친 사람입니다. 바벨론 · 메대 · 바사의 세 왕국을 거친 사람으로서, 당시 시대를 섭렵한 글로벌맨이었습니다. 그는 우상을 섬기는 이방 나라에서 오직 하나님만을 섬기며 75년간 하나님의 사람으로 충성스럽게 살았습니다. 의롭고 지혜로운 왕가 사람으로 소개된 다니엘은 준수한 용모와 뛰어난 지적 능력을 가진 인물이었습니다.

요즘 말로 하면, 최고의 영재입니다. 바벨론의 박수와 술객보다 10배나 더한 지혜를 가졌다고 왕이 인정할 정도였으니, 의심의 여지가 없는 당대 최고의 천재였습니다. 다니엘은 오직 하나님이 주신 지혜 하나만으로 총리의 자리까지 올라서서 세계를 석권한 뛰어난 인물이었습니다. 그는 정치가로서 뛰어난 능력을 발휘했을 뿐 아니라 꿈으로 세계역사를 최초로 예언하기도 했습니다. 오직 하나님이 주신 지혜 하나로 홀홀 단신 성공한 대표적인 인물입니다.

현대를 살아가는 십대들에게 다니엘은 충분히 모범이 되는 인물입니다. 오늘날, 우리도 아무것이 없다 해도 하나님이 주신 지혜만 있으면 다니엘처럼 훌륭한 세계적인 인물이 될 수 있습니다. 어떤 위인보다도 훌륭하고 뛰어난 하나님의 사람으로서, 하나님의 영재인 다니엘을 본받는다면 우리나라에서도 다니엘과 같은 영재가 나올 수 있을 것입니다. 성경을 통하여 다니엘과 같은 영재를 꿈꾸어 봅시다. 다니엘서를 공부하면서 모든 십대들이 이런 비전을 품어 본다면 얼마나 좋을까요? 다니엘이 보았던 거룩한 환상을 모든 십대가 품는다면 미래를 창조하는 세계적인 사람이 나올 줄로 믿습니다.

다니엘서의 내용은 크게 두 개로 나누어서 생각해 볼 수 있습니다. 1-6장은 역사적인 기록으로 이 부분은 읽기가 쉽습니다. 우리가 알고 있는 다니엘의 이야기는 모두 이 부분에 들어 있습니다. 또 하나는 7-12장인데 이것은 다니엘이 본 환상으로 내용이 구성되었습니다. 이것은 후에 나올 요한계시록과 연결됩니다. 다니엘서는 요한계시록의 전편이라 할 수 있습니다. 이 환상 부분이 조금 난해합니다. 부분적인 내용보다 전체적인 메시지를 중심으로 다니엘서를 이해하면 큰 무리는 없습니다. 환상에 대한 핵심 메시지는, 비록 악한 세상 속에서 세상의 지배를 받으며 살고 있지만 결국은 하나님이 역사를 주도하는 것임을 믿고, 하나님의 대리자로서 자기 정체성을 잃지 않고 믿음을 지켜 나아갈 것을 권면하고 있습니다.

■ 다니엘 여행 지도 ■

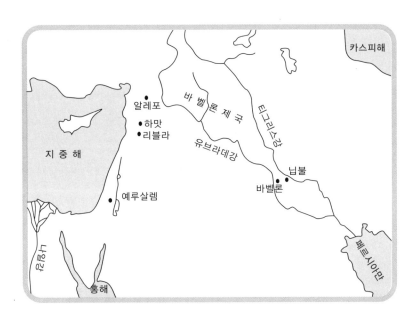

바사의 다리오 왕

01

포로로
잡혀간 다니엘과
세 친구

"환관장이 그들의 이름을 고쳐 다니엘은
벨드사살이라 하고 하나냐는 사드락이라 하고 미사엘은 메삭이라 하고
아사랴는 아벳느고라 하였더라" (단1:7)

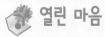 열린 마음

1 크리스천 십대들이 요즈음 세상 속에서 가장 조심해야 할 것은 무엇이라고 봅니까? 자기의 경험이나 주변의 이야기를 통해서 몇 가지를 정리해 보십시오.

_____

_____

2 이 세상을 보면서 인간의 생각으로 이해가 안 되는 신기한 것들을 찾아보십시오.

_____

_____

 말씀 먹기

● 다니엘 1:1-7을 읽고 다음 질문에 답해 보십시오.

1 바벨론 왕 느부갓네살이 예루살렘을 점령한 모습을 말해 보십시오. (1-2)

_____

_____

💡 **되새김** 바벨론은 남유다 왕 여호야김 때 예루살렘 성을 에워싸고 점령했습니다. 이것은 이스라엘 백성이 하나님께 죄를 범하므로 하나님이 징벌하신 것입니다. 즉, 하나님의 심판을 받은 것입니다.

2 느부갓네살 왕이 예루살렘에서 가져온 두 가지는 무엇입니까? (2-3)

—물건

—사람

💡 되새김 느부갓네살 왕은 이스라엘을 바로 멸망시키지 않고 3차에 걸쳐 포로를 잡아가며 서서히 멸망시켰습니다. 다니엘은 제1차 포로 때 잡아간 사람입니다. 이때는 가장 중요한 귀족 등 핵심 인물들을 잡아갔습니다. 그리고 성전에 있던 제사 물건들을 가지고 갔습니다. 아마 그 물건들에 신적인 능력이 있다고 믿었던 것 같습니다. 그런데 중요한 것은 하나님이 바벨론을 도구로 삼으셨다는 것입니다. 이스라엘을 포로로 삼은 것은 바벨론의 생각이 아닌 하나님의 생각이었습니다.

3 느부갓네살 왕이 1차 포로로 바벨론에 데려온 왕족과 귀족들은 어떤 사람이었습니까? (4)

💡 되새김 바벨론에 잡혀 온 사람들은 탁월한 능력을 소유한 천재들이었습니다. 이스라엘에서도 이미 알아주는, 모든 재주에 통달하고 흠이 없고 아름다운 사람들이었습니다. 그들 중에 다시 특별한 사람 몇을 뽑았습니다. 자기들의 하수인으로 삼기 위해서입니다. 오늘도 사단은 우리를 자기의 종으로 삼으려고 유혹합니다.

4 바벨론 사람들은 데려온 히브리 소년들에게 두 가지를 훈련시켰는데, 그것은 어떤 훈련이며 그 이유는 무엇입니까? (4-5)

💡 되새김 특별히 이들에게 훈련시킨 것은 바벨론의 학문과 언어입니다. 그리고 바벨론의 문화입니다. 즉, 왕이 먹고 쓰는 고급 음식과 물건들이었습니다. 나중에 왕의 앞에 서게 하기 위해서였습니다. 바벨론 사람으로 만들기 위한 치밀한 작전인 것입니다.

5 다니엘과 세 친구의 히브리식 이름과 바벨론식으로 바꾼 이름을 말해 보십시오. (6-7)

💡 되새김 다니엘(하나님이 심판하신다) / 베드사살(여신, 벨이여 보호하소서)
하나냐(하나님은 은혜로우시다. 하나님의 사랑을 받은 자) / 사드락(태양신에게 배운다)
미사엘(하나님이 누구신가) / 메삭(욕망과 신과 같은 자가 누구냐)
아사랴(하나님은 나의 도움이시다) / 아벳느고 (너는 느고의 종이다)
이렇게 이름을 바꾼 것은 그들을 바벨론식으로 완전히 개조시키기 위한 것이었습니다. 외적인 변화가 내적인 변화를 근본적으로 이루지는 못하지만 영향은 줄 수 있습니다.

 생각해 보기

1 사단은 우리를 세상의 즐거움과 재미로 물들게 함으로써 나중에는 자기들의 하수인으로 삼으려 합니다. 예를 들면 친구, 지식, 음식, 문화, 유행 등으로 말입니다. 이런 세상적인 문화의 위험성을 말해 보십시오. (참고. 롬12:1-2)

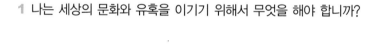 삶의 적용

1 나는 세상의 문화와 유혹을 이기기 위해서 무엇을 해야 합니까?

2 우리가 가져야 할 바람직한 기독교 문화(옷·음식·생활 등)를 말해 보십시오.

서서히 다가오는 세상 문화를 조심하라

문화는 삶입니다. 사단은 지금도 문화를 통해 자연스럽게 우리의 삶에 침투합니다. 이슬처럼 조용히 스며들어 나중에는 자연스럽게 죄에 물들게 합니다. 냄비 안에 든 개구리가 서서히 높아가는 온도에 자기가 타서 죽는지도 모르게 죽어 가는 것처럼, 세상의 문화를 가장한 사단은 그렇게 우리에게 다가옵니다. 바벨론의 전법은 오늘날 우리에게도 적용됩니다. 그중에서 먹는 음식을 조심해야 합니다. 세상적인 음식 문화에 젖다 보면 그것에 빠져 헤어나지 못합니다. 술과 탐식을 즐기는 것은 조심해야 할 세상의 문화입니다. 고급 음식과 그것으로 자기 우위를 강조하는 것도 우리가 쉽게 빠지는 요소 중 하나입니다. 특히 십대들이 브랜드 등으로 옷과 음식에 취하는 것은 조심해야 합니다.

또 문화는 이름을 바꾸게 해 우리의 정체성을 흔들어 놓습니다. 바벨론이 다니엘과 세 친구의 이름을 바꾼 것은 그들의 생각과 정신을 바꾸기 위해서입니다. 바벨론에서 당시 다니엘과 세 친구는 어쩔 수 없이 이름을 바꾸었지만 자기들의 정체성을 잃지는 않았습니다.

역사적으로 볼 때 이스라엘이 가나안 땅에 들어가서 실패한 것은 바알의 문화에 정복당했기 때문입니다. 오늘날에도 바벨론과 바알과 같은 세상 문화를 조심하고 그것에 빠지지 않도록 유의해야 합니다. 악은 모양이라도 본받지 말라고 했습니다. 서서히 다가오는 교묘한 술책에 넘어가면 안 됩니다. 딱 한 번만이, 결국은 모두를 주게 됩니다.

문화 속에 숨은 독

문화라는 용어는 라틴어의 cultura에서 파생한 culture를 번역한 말로 본래의 뜻은 경작(耕作)이나 재배(栽培)였는데, 나중에 교양·예술 등의 뜻을 가지게 되었습니다. 성경에 나오는 "땅을 다스리고 정복하라"는 의미는 곧 문화를 말합니다. 세상을 잘 다스리는 것이 하나님이 우리에게 주신 문화명령입니다. 그런데 인간이 타락함으로 세상의 문화가 타락했고 세속적인 문화가 우리를 감싸고 있습니다.

사실 '문화'는 정의하기 어려운 단어 중에 하나입니다. 혹자는 문화의 정의가 "그것을 정의하려는 사람 숫자만큼" 있다고 말할 정도로 많은 종류가 있습니다. 문화는 '엔터테인먼트(entertainment)'와 흡사한 개념입니다. 즉, 매체를 통해 대중적으로 유통될 수 있는 일종의 '문화상품'을 가리키는 개념입니다. 외국에서는 그냥 엔터테인먼트라고 부르지만, 우리나라는 '오락', '문화콘텐츠'라는 용어를 사용합니다.

'콘텐츠'란 말은 인터넷시대가 도래하면서 본격적으로 사용되기 시작한 단어로 인터넷이라는 특수 환경을 통해 유통되는 각종 정보를 '콘텐츠'라고 부릅니다. 요즘은 인터넷이나 휴대폰으로 유통되는 것뿐만 아니라 공연장, 영화관 등 오프라인 공간을 통해서 유통되는 것들도 모두 문화콘텐츠라고 부르고 있습니다.

문화의 영역은 더 확장되어 사용되고 있습니다. 음식, 놀이, 여가, 만화, 종교, 책, 그림, 영화, 캐릭터, 애니메이션, 게임, 방송, 에듀테인먼트, 음악, 공연, 인터넷/모바일콘텐츠 등 다양하게 문화가 적용되고 있습니다.

요즘 십대들은 문화에 관심이 많습니다. 자극적이고 유희적인 문화가 청소년들을 유혹하고 있습니다. 그런데 여기에는 무서운 음모가 들어 있습니다. 마약과 같은 유해요소가 문화라는 옷을 입고 다가오는데, 그것을 쉽게 받아들이면 안 됩니다. 우리의 마음과 생각과 영혼을 해칠 목적인 사단은 문화라는 겉모습으로 다가옵니다. 눈에 보이고 만져지는 자극적인 것이기에 쉽게 습득되는 강점이 있습니다. 바벨론의 왕의 진미를 먹게 하

유대인의 안식일 음식

는 것도 이런 세상문화와 관련이 있습니다. 다니엘과 세 친구가 그것을 거부한 것은 이런 문화 속에 숨겨진 위험을 알았기 때문입니다.

02

뜻을 정한
다니엘

"다니엘은 뜻을 정하여 왕의 음식과 그가 마시는
포도주로 자기를 더럽히지 아니하리라 하고 자기를 더럽히지
아니하도록 환관장에게 구하니" (단1:8)

 **열린 마음**

1 지혜를 얻으면 모든 것을 얻는 것이 됩니다. 젊은이들에게 가장 필요한 것은 지혜입니다. 지혜를 얻기 위해서 세상 사람들은 어떤 일을 하는지 말해 보십시오. 또 그것의 한계는 무엇인지 말해 보십시오.

_____

_____

 말씀 먹기

● 다니엘 1:8-21을 읽고 다음 질문에 답해 보십시오.

1 다니엘은 바벨론의 바벨론화 요구에 대해서 어떻게 대응했습니까? (8)

_____

_____

💡 되새김 당시 이방에 살던 충실한 유대인의 어려움은 율법에 금지된 부정한 음식과 우상에 바친 음식을 먹는 문제였습니다. 고대 로마의 유대인들은 자신을 더럽히지 않기 위해서 오직 무화과 열매만 먹었다고 합니다. 다니엘이 정한 뜻은 하나님의 뜻에 어긋나는 삶을 살지 않겠다는 것이었습니다. 지금도 다니엘처럼 세상과 타협하지 않고 하나님의 뜻을 실천하는 그리스도인이 필요합니다.

2 하나님은 이런 다니엘의 결단을 보시고 어떤 은혜를 베푸셨습니까? (9-10)

3 다니엘은 환관장이 세운 감독관에게 어떤 제의를 했습니까? (11-13)

4 다니엘의 말대로 감독관이 열흘 동안 시험을 한 후에 나타난 결과는 무엇입니까? (14-16)

5 하나님은 뜻을 정하여 하나님 앞에서 거룩함을 지킨 다니엘을 비롯한 세 친구에게 어떤 복을 주셨습니까? (17)

_____

_____

💡 되새김 자신을 바쳐 하나님의 뜻에 복종하고 의를 이루려고 한 다니엘과 세 친구에게 하나님은 학문과 재주와 명철을 더해 주셨습니다. 정말 하나님의 지혜를 얻고 싶으면 하나님에게 먼저 자신을 드리는 결단을 해야 합니다. 그러면 하나님의 능력을 받을 수 있습니다.

6 기한이 차서 네 사람이 왕 앞에 불려 나갔을 때 어떤 일이 일어났습니까? (18-20)

_____

_____

💡 되새김 다니엘과 세 친구가 왕 앞에 나서서 다른 사람들과 비교되어 보니 지혜가 열 배나 더했습니다. 이것은 왕이 직접 눈으로 확인한 결과였습니다. 영재가 되는 것은 인간의 힘으로 안 되고 하나님이 은혜를 주셔야만 가능합니다. 십대들에게 하나님의 영이 더해지면 탁월한 영재가 될 수 있습니다. 이것은 모든 크리스천 십대들의 꿈입니다.

7 다니엘은 언제까지 살았습니까? (21)

_____

_____

 생각해 보기

1 신앙의 절개를 지키며 하나님 앞에서 뜻을 세우고 이방의 왕보다 하나님을 더 우선으로 섬긴 다니엘과 세 친구에게 하나님은 바벨론의 술객들보다 열 배나 더한 지혜와 총명을 주셨습니다. 이것이 우리에게 주는 영적 교훈은 무엇입니까? (참고. 마6:33-34, 요일2:15-17)

_____

_____

삶의 적용

1 나도 다니엘처럼 열 배의 넘치는 지혜를 얻기 위해서 무엇을 해야 합니까?

_____

_____

2 오늘 말씀을 통해 깨달은 내용은 무엇입니까?

_____

_____

10배의 지혜를 주소서

다니엘은 이방 나라에서도 자신을 하나님에게 바치고 헌신하면서, 하나님의 뜻을 더소중하게 여겼습니다. 이들은 자기의 안락과 안전을 포기하고 하나님을 더 우선으로여기면서 살았습니다. 이런 다니엘과 세친구에게 하나님은 지혜와 총명을 열 배나더하게 주셨습니다. 이것은 왕이 바벨론의

바벨론 느부갓네살 왕의 명각

박수들과 직접 시험하면서 증명된 것이었습니다.

다니엘과 세 친구는 천재와 같은 지혜의 영을 받았습니다. 그들이 가진 것은 아무것도 없었습니다. 오직 하나님이 주신 지혜를 가지고 이방 나라에서 성공했습니다.

지혜와 총명이 열 배나 더했다는 것은 지혜와 총명이 완벽하여 박수와 술객들과 비교되지 않았음을 말합니다. 열 배란 말은 문자적으로 만수인 10을 의미합니다.

오늘날 십대들도 다니엘과 같은 비전을 가지고 세계를 정복하는 꿈을 가진다면 얼마나 좋을까요? 이것은 가진 것이 없어도 가능합니다. 하나님이 주신 지혜를 열 배 받으면 모든 크리스천 십대들이 세계를 꿈꾸며 복음의 일꾼으로 쓰임 받을 수 있습니다.

지금 하나님 앞에서 뜻을 정하십시오. 그리고 그 뜻에 자신을온전히 드리세요. 그러면 하나님이 나에게도 은혜를 열 배주실 것입니다.

영적 상대성원리

상대성원리를 발견한 천재과학자로 유명한 아인슈타인은 한 때 특허국 직원으로 근무했었습니다. 아인슈타인의 상대성원리의 실마리는 우연한 기회에 찾아왔습니다. 1907년 11월 어느 한가한 늦가을에 젊은 아인슈타인은 특허국 사무실 창가에 서서 무심코 창밖을 내다보고 있었습니다. 바쁘게 지나가는 사람들, 그리고 연인들의 모습을 아무 생각 없이 보던 그는 제자리로 돌아왔습니다. 그는 자기 의자에 놓아두었던 두꺼운 방석을 그날따라 치워 버렸다는 사실을 까마득하게 잊어버리고 그만 털썩 주저앉았습니다. 방석이 있다고 생각하고 앉았던 아인슈타인은 마치 계단에서 발을 헛디뎠을 때 허공에 둥실 뜨는 것처럼, 자신의 체중을 잠시 느끼지 못하는 그런 감각을 느꼈습니다.

그 순간, 아인슈타인의 머릿속에 번개처럼 영감이 떠올랐습니다. 만약에 사람이 공중에서 떨어져 자유낙하 한다면 무게를 느낄 수 없을 것이라는 생각이 문득 스쳐 지나갔습니다. 아인슈타인은 이 간단한 생각에 잠겨 가만히 앉아 있었습니다. 후에 이 생각이 상대성이론의 발판이 되었습니다. 아인슈타인은 'E=MC²' 이라는 운동 에너지 공식을 만들어 냈습니다. 이 공식을 설명하는 것은 쉽지 않지만 E=에너지, M=질량, C=속도라고 말할 수 있습니다. 여기서 다른 것은 비례하지만 속도에는 제곱 비례합니다. C에 의해서 에너지가 결정되고 파괴력도 엄청나게 달라집니다.

상대성원리를 영적으로 적용해 보면 이렇게 말할 수 있습니다. 강력한 힘과 에너지를 나타내기 위해서는 M(물질)적인 것보다 C, 즉 속도를 높이면 됩니다. 물질은 보이지만 속도는 눈에 안보입니다. 특히 빛의 속도는 안보입니다. 그러나 그 힘은 대단합니다. C는 영적인 것을 의미합니다. 인간은 영과 육으로 구성되었습니다. 육체의 모습은 사람마다 비례합니다. 비슷

합니다. 육신적인 것은 크게 다를
바 없습니다. 오히려 나이가 들면서
육체는 약해집니다. 그러나 영적인
속도는 배가 될 수 있습니다. 영적
인 능력을 높이면 모세 같이 나이가
120이 넘어도 기력이 쇠하지 않습
니다. 성경의 인물들을 보면 나이가
많은 상황에서도 하나님의 능력을
발휘했습니다. 아브라함은 75세 때
부름을 받았고, 갈렙은 80세가 넘었
음에도 주의 일을 잘 감당했습니다.

바벨론 포로인 다니엘

사람에게 있는 영적 능력을 배가 시키면 엄청난 일을 할 수 있습니다.
십대였던 다니엘에게 영감을 더한 것은 비록 소년의 모습이었지만 그는 누
구보다 하나님을 사랑하는 사람이었기 때문입니다. 그러한 비결은 육에
있는 것이 아닌 영에 있습니다. 십대들이여, 영을 열 배로 배가시킵시다.
그러면 당신은 위대한 하나님의 사람이 될 수 있습니다.

03

다니엘이
해석한 꿈

"손대지 아니한 돌이 산에서 나와서 쇠와 놋과 진흙과
은과 금을 부서뜨린 것을 왕께서 보신 것은 크신 하나님이 장래 일을 왕께 알게
하신 것이라 이 꿈은 참되고 이 해석은 확실하니이다" (단2:45)

다니엘 꿈 신상

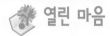 열린 마음

1 내가 꾼 꿈 중에 해석이 잘 안 되는 꿈이 있었습니까? 그것 때문에 괴로워 한 적이 있으면 말해 보십시오.

_____

_____

 말씀 먹기

● 다니엘 2:31-45을 읽고 다음 질문에 답해 보십시오.

1 다니엘이 본, 꿈속에서 신상과 마주한 왕의 모습은 어떠했습니까? (31)

_____

_____

💡 되새김 왕이 본 신상의 모습은 모양이 크고 광채가 특별하며, 두려움을 자아내는 모습이었습니다.
다니엘이 왕의 꿈을 사실처럼 말하는 것에 왕은 무척 놀랐을 것입니다. 아무도 꿈을 알아내지 못하는 상황에서 다니엘의 이런 모습은 신비로웠습니다. 하나님의 영에 감동한 사람에게 주어지는 특권입니다.

2 다니엘이 본, 느부갓네살 왕이 꾼 신상의 모습을 그림언어로 정리해 보십시오. (32-35)

신상의 모습	재료
머리	
가슴	
배와 넓적다리	
종아리	
발	
뜨인돌이 한 일	

💡 되새김 머리-가슴-배-종아리-발의 순서를 보면 금부터 시작하여 은, 동, 그리고 나중에는 철과 흙 등 좋지 않은 것의 순서로 이어지고 있습니다. 이것은 이방의 열강들이 처음에는 강하지만 점차 쇠퇴하여 나중에는 흙처럼 사라질 것임을 말하고 있습니다. 이것은 앞으로 나타날 세상의 모습을 그리고 있습니다.

3 왕이 꾼 꿈에 대해서 다니엘은 어떻게 해석했는지 그 내용을 정리해 보십시오. (36-45)

왕이 꾼 꿈의 내용	꿈에 대한 다니엘의 해석
첫째 나라/ 금 머리	
둘째 나라/ 은 가슴	
셋째 나라/ 청동(놋) 배와 넓적다리	
넷째 나라/ 철 두 종아리	
발과 발가락/ 철과 진흙	
뜨인돌- 우상을 부숴 버림	

💡 되새김 뜨인돌은 예수님을 상징합니다. 예수님에 의해 세상이 심판을 당하게 될 것입니다.
예수님 앞에 모든 세력들이 무릎을 꿇게 될 것입니다. 세상이 아무리 번성하고 승리하는 것 같아도, 결국 그들은 사라지고 예수님을 믿는 사람이 승리할 것입니다.

생각해 보기

1 느부갓네살 왕은 앞으로 나타날 세계역사의 청사진을 꿈을 통해 보았습니다. 이 꿈은 하나님이 느부갓네살 왕에게 보여 준 것입니다. 그러나 느부갓네살 왕은 이 꿈을 해석하지 못했습니다. 하나님은 다니엘을 통해 이 꿈을 해석해 주셨습니다. 왜 이런 꿈을 왕에게 보여 주셨을까요?

_____

_____

삶의 적용

1 나는 느부갓네살 왕의 꿈을 보면서 어떤 교훈을 얻었습니까?

_____

_____

2 세상의 역사는 하나님의 손안에 있습니다. 나는 하나님의 자녀로서 어떤 비전을 품어야 하는지 말해 보십시오.

_____

_____

하나님을 가슴에 품어라

당시 바벨론은 신상을 금으로 덮은 독재국가였습니다. 가장 번성한 나라였지만 메대와 바사에게 멸망당했습니다(바사는 은을 돈으로 사용하여 왕과 제후들을 통치함). 그리고 바사 역시 헬라(헬라는 놋, 동을 무기로 사용함)에게 멸망당했습니다. 그리고 헬라는 로마(당시 로마는 철을 무기로 사용함)에게 멸망당했습니다. 당시 이런 나라들은 세계를 정복하는 큰 강국이었지만 일시적으로 번성했을 뿐, 역사에서 모두 사라졌습니다. 그들은 하나님을 거역하는 나라로 잠시 하나님의 도구로 사용되었고, 그 임무를 마칠 때는 사라졌습니다. 한결같이 하나님의 심판을 받았습니다. 오늘날 아무리 대단한 업적과 통치를 이룬다 해도 그것은 안개와 같이 일시적입니다. 하나님을 거부한 나라와 민족은 모두 하나님의 심판을 받았고 왕들 역시 모두 불행한 인생을 살았습니다.

우리는 이런 이야기를 통하여 역사는 인간이 다스리는 것이 아닌 하나님이 다스리는 것임을 새삼 확인하게 됩니다. 특히 역사는 하나님을 잘 믿는 사람에 의해 진행됩니다. 꿈은 바벨론 왕에게 꾸게 하지만 그에게 뜻을 알려 주지 않고 다니엘에게 알려 준 것으로 볼 때, 역사의 주인공은 하나님을 잘 믿는 사람인 것을 알 수 있습니다.

우리 십대들이 품어야 할 꿈은 하나님이십니다. 하나님을 가슴에 품으면, 하나님이 모든 것을 보여 줘 세상의 대리자로 살게 합니다. 생각만 해도 얼마나 놀라운 일입니까?

촉매의 위력

반응속도를 결정하는 것을 촉매라고 말합니다. 이 촉매는 여러 가지 화학 반응을 일으켜 오늘날 화학공업의 꽃으로 불리고 있습니다. 제1차 세계대 전이 발발하기 6년 전, 1909년 독일의 화학자 하버는 수소와 질소의 혼합 가스를 높은 온도와 압력에서 철 촉매와 함께 반응시키면 암모니아가 생성 된다는 것을 발견했습니다. 1913년에는 보슈와 함께 암모니아의 대량생산 에 성공했습니다. 수소는 물을 전기분해하거나 석탄을 고온으로 가열해 분해하면 되었습니다. 그리고 질소는 공기의 주성분이므로 무한정 얻을 수 있었습니다. 이로써 독일은 암모니아의 합성 기술로 암모니아와 질산 을 독점 생산했고, 덕분에 물·석탄·공기만으로도 독일의 식량과 화약이 보장되었습니다.

이런 기술로 인하여 독일이 세계대전에서 승리할 수 있었습니다. 그러나 만일 철 촉매에 의한 암모니아의 합성 기술이 독일에서 독점적으로 개발되 지 않았더라면 제1차 세계대전은 발생하지 않았을 것입니다.

과학기술의 발명이 인류에게 편리함을 주지만, 한편으로는 전쟁을 일으키 는 요인이 되기도 합니다. 바벨론과 바사와 헬라와 로마가 전쟁을 일으켜 영 토를 정복해 나간 것도 알고 보면 이런 전쟁병기 기술발전 때문이었습니다. 인간은 끊임없이 병기 기술을 개발하여 전쟁을 일으킵니다. 인간의 기술이 잘못 사용되면 얼마나 악하게 될 수 있는지 보여 주는 좋은 예입니다.

당시 이스라엘은 이러한 전쟁기술의 발달이 미미했습니다. 오히려 그것에 의존하기보다는 하나님을 믿고 따랐으며, 전쟁을 기술로 한 것이 아닌 믿 음으로 했습니다. 오늘날 우리도 세상에서의 싸움은 혈과 육이 아닌 영적 인 것임을 알고 하나님에 대한 믿음을 더 가지는 것이 중요합니다. 그런 사 람만이 영원히 살아남게 됩니다.

04

다니엘의
세 친구

"왕이여 우리가 섬기는 하나님이 계시다면 우리를 맹렬히 타는
풀무불 가운데에서 능히 건져내시겠고 왕의 손에서도 건져내시리이다
그렇게 하지 아니하실지라도 왕이여 우리가 왕의 신들을 섬기지도 아니하고 왕이
세우신 금신상에게 절하지도 아니할 줄을 아옵소서" (단 3:17-18)

 **열린 마음**

1 신앙 때문에 주변의 사람들에게 시기와 무시 혹은 핍박을 당해 본 적이 있습니까? 만약 없다면 왜 그렇다고 생각하는지 그 이유를 말해 보십시오.

_____

_____

 말씀 먹기

● 다니엘 3:8-18을 읽고 다음 질문에 답해 보십시오.

1 평소 다니엘의 세 친구를 시기하던 주변의 갈대아 사람들이 왕에게 고소한 내용은 무엇입니까? (8-12)

_____

_____

💡 **되새김** 다니엘은 바벨론에서 세 명의 총독 중에 가장 높은 수석총리가 되었습니다. 이방 사람이 수석총리가 되는 것은 불가능한 일이었기에 주변으로부터 많은 시기를 받았지만, 왕의 총애를 받고 있는 다니엘을 직접적으로 공격하는 사람은 없었습니다. 그러나 그의 세 친구는 쉬웠을 것입니다. 당연히 그들이 시기 거리가 되었음은 분명합니다. 이것이 세상 속에서 그리스도인의 모습입니다.

2 느부갓네살 왕은 노하여 세 사람을 어떻게 심문했습니까? (13-14)

_____

_____

💡 되새김 왕은 이들에게 정말로 이런 일을 행했느냐고 다시 묻습니다. 여기서 신이
라는 말이 강조됩니다. 바벨론의 신에게 절하지 아니한 세 친구를 이상하게 생각하
면서 묻는 것입니다.

3 느부갓네살 왕은 세 친구에게 다시 한 번 기회를 주면서 타협안을 제
시했는데 그 내용을 말해 보십시오. (15)

_____

_____

💡 되새김 왕은 지금이라도 금신상에 절하라고 말합니다. 그렇지 않으면 풀무불에
집어넣을 것이라고 위협을 합니다. 아무리 신이 강하다고 해도 풀무불에서 건져 낼
신은 없다고 말합니다. 왕은 아직 하나님이 어떤 하나님이심을 모르고 있습니다. 나
에게 하나님은 어떤 분이십니까?

4 다니엘의 세 친구는 한마음으로 어떻게 대답했습니까? (16)

_____

_____

💡 되새김 더 이상 대답할 필요가 없다는 말은 이미 답을 다 했다는 말입니다. 아무
리 회유를 해도 답은 오직 하나이며, 그 결정은 실수가 아니라는 것입니다.

5 세 친구가 가진 위대한 신앙의 모습을 말해 보십시오. (17-18)

_____

_____

 되새김 세 친구의 신앙은 섬기는 하나님의 모습을 그대로 드러내 주고 있습니다. 이들이 믿는 하나님은 다른 신과 다릅니다. 어떤 곳에서든 능히 구원할 그런 하나님 이시고, 설사 그렇지 않다 해도 우리가 믿는 신앙에는 변함이 없다고 그들은 말합니 다. 하나님을 조건적으로 믿는 것이 아님을 보여 줍니다. 하나님은 그냥 하나님이십 니다. 어떤 조건도 필요치 않다는 것입니다. 참으로 멋있는 신앙입니다.

🌺 생각해 보기

1 모든 사람들은 왕이 세운 금신상에 절하며 그것을 섬겼지만, 하나님 만 섬긴 세 친구는 그것을 거부했습니다. 왕이 최후의 통첩을 함에 도 불구하고 단호하게 자기 신앙을 고백하면서 자기들의 의지를 말 했습니다. 이것을 통해, 우리가 믿는 신앙이란 무엇인지를 정리해 보 십시오.

_____

_____

삶의 적용

1 다니엘의 세 친구 이야기를 통해서 발견되는 도전은 무엇입니까?

_____

_____

2 나는 어떻게 해야 이런 신앙을 가질 수 있는지 말해 보십시오.

_____

_____

다니엘의 세 친구와 풀무불

긍정과 부정의 믿음

우리가 믿는 하나님은 우주를 만드신 창조주 하나님이십니다. 그렇기에 어떤 문제도 다 해결할 수 있는 능력을 가지고 있습니다. 바벨론의 느부갓네살 왕은 통치자로서 힘이 있지만 하나님에 비하면 아무것도 아닙니다. 다니엘의 세 친구는 하나님이 어떤 분이심을 정확하게 알았습니다. 그렇기에 죽음의 위협 속에서도 흔들리지 않고 하나님을 끝까지 신뢰했습니다.

하나님을 믿는다는 것은 인간 편의에 의한 믿음을 의미하는 것이 아닙니다. 예를 들어, 하나님이 나를 살려 주시면 나는 하나님을 믿고 그렇지 않으면 하나님을 떠난다는 것은 믿음이 아닙니다. 믿음은 조건적이지 않습니다. 그냥 전부를 믿는 것입니다. 이것이 진정한 믿음입니다. 즉, 하나님이 하시는 일을 모두 믿는 것입니다.

많은 사람들이 하나님을 자신의 관점에서 믿으려고 합니다. 그것은 진정한 신앙이 아닙니다.

하나님은 정말 좋으신 분이라고 믿으면, 이러하든지 저러하든지 하나님께 맡기는 믿음을 가져야 합니다. 다니엘의 세 친구가 가진 믿음은 하나님이 분명히 구원해 주신다는 것과 그리 아니하실지라도 믿는다는 두 가지 믿음이 있습니다. 우리에게는 긍정과 부정의 믿음이 필요합니다. 그렇지 못하면 이 어려운 세상을 이겨나갈 수 없습니다. 어떤 때는 우리와 다른 하나님의 생각이 있을 수도 있기 때문입니다.

수학과 논리

수학을 공부하는 이유는 무엇인가? 그것은 "논리적인 사고력을 습득"하기 위해서입니다.

수학과 경제는 논리를 필요로 합니다. 수학의 핵심은 바로 '논리'이며 이때 '논리'의 의미는 논쟁을 위한 방법을 말합니다. 누구와 논쟁을 벌이는 것이 가장 훌륭한 논리 개발 비결일까요? 그것은 사람이 아닌 신과 논쟁을 할 때입니다. 결국 논리는 신에 대한 논쟁의 기술입니다. 서양의 논리는 인간이 하나님을 설득하는 과정에서 발달되었습니다. 모세가 하나님에게 이스라엘인을 변증한 사건은 역사적으로 중요합니다. 사실 우리가 하나님과 논쟁해서 이길 수는 없습니다. 그럼에도 성경에는 하나님과 논쟁하는 이야기가 많이 나옵니다. 하나님과 대화를 통하여 논쟁하는 모습은 다른 종교에서는 볼 수 없는 내용입니다.

형식논리학을 완성한 사람은 고대 그리스의 아리스토텔레스이지만 논리가 완벽한 형식의 논리학으로 성장할 수 있었던 배경은 훨씬 이전의 고대 이스라엘입니다. 이스라엘이 믿는 신은 인격신입니다. 하나님과 인간과 언약을 통해서 맺는 신앙관계입니다. 하나님은 인간에게 분명하게 언약을 지킬 것을 요구하시고 이것이 안 될 때 인간은 징벌을 받게 됩니다. 여기에 모순이 생기면서 우리는 많은 고민을 하게 됩니다. 이런 과정은 우리로 하여금 논리를 생각하게 합니다. 신앙의 갈등이 생기는 것은 인간의 논리와 하나님의 논리가 맞지 않을 때입니다. 하나님은 아브라함에게 100세 때 아들을 주셨습니다. 그런데 또 하나님은 하나밖에 없는 아들 이삭을 제물로 바치라는 것입니다. 도저히 이해가 안 되는 논리입니다. 이것을 풀어낸다는 것은 너무나 어려운 문제입니다. 여기에는 수학으로 풀 수 없는 인간이 생각하는 그 이상의 논리가 들어 있습니다.

다니엘의 세 친구와 느부갓네살 왕의 논리는 서로 다릅니다. 느부갓네살 왕의 논리는 지금 금 신상에 절하고 목숨을 구제받는 것이 옳다는 논리입니다. 그러나 다니엘의 세 친구는 오직 하나님만 섬기는 것이 그들의 논리입니다. 다니엘의 세 친구는 초월적인 하나님의 논리를 알고 있었고 결국 그것이 옳았습니

바벨론의 마르둑 사자 신

다. 오늘 우리는 신앙을 가지면서 인간의 논리를 넘어선 하나님의 초월적 논리를 경험하게 됩니다. 이것을 공부한다면 진정한 논리를 공부하는 것이 됩니다. 신앙을 제대로 공부하면 학교공부는 자연적으로 능숙하게 됩니다.

05

구원받은
세 친구

"느부갓네살이 말하여 이르되 사드락과 메삭과 아벳느고의
하나님을 찬송할지로다 그가 그의 천사를 보내사 자기를 의뢰하고 그들의 몸을 바쳐
왕의 명령을 거역하고 그 하나님밖에는 다른 신을 섬기지 아니하며
그에게 절하지 아니한 종들을 구원하셨도다" (단3:28)

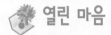 **열린 마음**

1 나는 힘들 때 어떻게 문제를 해결합니까? 지금까지 살아오면서 가장 힘들었던 적은 언제였는지 말해 보십시오.

_____

_____

 말씀 먹기

● 다니엘 3:19-30을 읽고 다음 질문에 답해 보십시오.

1 느부갓네살 왕은 세 친구의 하나 된 결연한 신앙 고백을 듣고 어떻게 했습니까? (19-21)

_____

_____

💡 되새김 왕이 자기의 권유를 듣지 않고 오히려 더 강하게 자기들의 신앙을 말하자 화가 나서 풀무불에 던지게 됩니다. 일곱 배나 더하게 하라는 명령은 왕이 얼마나 화가 났는지 말해 줍니다. 왕의 교만함을 보여 주는 대목입니다. 화를 내는 사람들은 대부분 교만한 사람입니다. 겸손한 사람은 화를 내지 않습니다.

2 당시 풀무불의 상황은 어떠했습니까? (22)

💡 되새김 일곱 배가 어느 정도인지 우리는 알 수 없습니다. 그러나 풀무불이 얼마나 뜨거웠는지는 세 친구를 붙잡은 사람들이 풀무불에 타서 죽은 것으로 짐작할 수 있습니다. 이런 상황에서 살아난다는 것은 불가능한 일입니다.

3 세 사람이 풀무불에 던져지자 어떤 상황이 벌어졌습니까? (23-25)

💡 되새김 그런데 그런 불속에서 세 사람은 어느 한군데도 상하지 아니하고 불 가운데로 걸어 다녔습니다. 특히 더 신기한 것은 그 속에 넷째 모양이 보이는데 신의 아들과 같은 모습입니다.
왕은 그것을 신이 그들을 도와준 것으로 이해했습니다. 하나님은 불속에도 있습니다. 하나님이 계시는 곳은 어떤 위험도 없습니다. 환경이 문제가 아니라 하나님이 함께하는 것이 중요합니다.

4 왕은 풀무불 속에 있는 세 사람에게 어떤 말을 했습니까? 왕의 말을 듣고 나온 세 사람의 모습은 어떠했습니까? (26-27)

💡 되새김 머리털 하나도 그슬리지 않았습니다. 옆에 있던 사람들은 타죽는 판인데 어떻게 해서 머리털 하나도 그슬리지 않았을까요? 이것은 상식적으로 이해할 수 없는 일이었습니다. 심지어 불에 탄 냄새도 없었습니다. 이것은 불이 그들에게 침범하지 못했다는 것을 의미합니다. 하나님이 도와주시면 어떤 위험도 우리를 해할 수 없습니다.

5 기적을 체험한 왕은 어떻게 하나님을 찬양했습니까? (28)

_____

_____

💡 되새김 이런 기적을 보고 놀라지 않을 사람은 하나도 없습니다. 왕은 자연스럽게 세 친구의 하나님을 찬송하게 됩니다. 하나님이 구원하셨음을 선언합니다. 기적을 통하여 하나님의 영광이 드러납니다. 이것이 기적의 목적입니다. 참신이 누구인지를 이 방 속에 알게 한 사건입니다. 우리의 고난은 하나님을 증거하는 기회가 됩니다.

6 왕은 다니엘의 세 친구를 위해 어떤 조치를 내렸습니까? 세 사람은 나중에 어떻게 되었습니까? (29–30)

_____

💡 되새김 왕은 하나님에 대해서 찬송합니다. 그리고 모든 백성들에게도 하나님을 함부로 대하지 말라는 조서를 내리게 됩니다. 한 사람을 통하여 온 나라가 하나님을 찬송하는 일이 일어납니다. 한 사람의 체험이 얼마나 큰지를 보여 줍니다. 이 일로 세 친구는 높은 자리에 오르게 됩니다. 모두가 하나님의 은혜입니다. 성공은 하나님의 때에, 하나님의 은혜로 해야 합니다.

비벨론의 서기관들

 생각해 보기

1. 고난을 당하는 불 가운데서 세 친구와 함께 있던 한 사람은 누구를
   말합니까? (참고. 단3:23-25) 불 같은 시험과 고난 속에서 살아가는 세
   상 사람들에게 이것이 주는 영적 교훈은 무엇입니까? (참고. 사43:1-2,
   11-13; 히11:33-34)

 삶의 적용

1. 믿음을 가진다는 것은 곧 고난을 동반합니다. 우리가 사는 세상은 어
   둠이기에 진리의 길을 따르는 그리스도인에게는 당연히 핍박이 따릅
   니다. 이것을 이기기 위한 지침들을 찾아보십시오.

2. 그리스도인은 처음에 고난을 당하지만 나중에는 승리합니다. 끝까지
   달려가는 믿음을 갖기 위해 내가 해야 할 일은 무엇입니까?

기적의 순간은?

인간은 본래 악합니다. 인간 안에는 진리가 없습니다. 인간의 마음은 부패하여 늘 거짓과 탐욕과 시기와 질투로 가득합니다. 다른 사람이 잘되는 것을 보지 못하고 시기합니다. 이런 악한 세상 속에서 자기의 믿음을 지키는 것은 쉽지 않습니다. 그러나 믿음을 가지면 이길 수 있습니다. 우리는 혼자가 아닙니다. 늘 하나님이 함께하십니다. 인간의 가장 큰 죄는 자신을 의지하는 것입니다. 느부갓네살 왕은 자신을 의지한 교만한 사람이었습니다. 그러나 세 친구는 마지막까지 하나님을 의지하고 자기인생을 바쳤습니다. 그러자 기적이 일어났습니다. 기적은 하나님에게 모든 것을 맡기고 살아갈 때 일어납니다.

왜 사람에게 고난이 필요합니까? 고난은 죄를 제거하는 역할을 하고, 그것에 순종하면 고난을 통하여 나 자신을 포기하는 법을 배우게 됩니다. 이런 의미에서 고난당하는 것은 나를 위한 새로운 출발 지점과도 같습니다. 나 자신을 의지하기보다는 하나님을 믿는 것이 힘의 비결입니다. 나처럼 연약한 존재는 없습니다. 지금부터 주님을 의지하고 어려울 때 주님의 도우심으로 일어나는 우리 모두가 되어야 합니다. 기적은 하나님에게 자신을 드릴 때 뜻하지 않게 일어나는 역사입니다.

| 플러스 | 신앙과 공부 |

수천 볼트 전선에서도 안전하다고?

길을 지나다 보면 전선에 사이좋게 앉아서 놀고 있는 새들을 볼 때가 있습니다. 보통 전선에는 수천에서 수만 볼트의 어마어마한 전압이 흐르고 있습니다. 그런데 그 전선에 앉아 있는 새들은 아무런 문제가 없습니다. 매우 궁금합니다. 사람은 110볼트의 전압만 흘러도 죽게 되는데 새는 어떻게 안전하게 전선에 앉아 있을까? 그 이유는 저항과 관계가 있습니다. 직렬로 연결하느냐, 병렬로 연결하느냐에 따라 저항은 다르게 나타납니다. 병렬로 연결하면 저항은 감소를 합니다. 가정에서 사용하는 전기기구가 하나가 끊어져도 나머지는 사용이 가능한 것은 배선이 병렬로 연결이 되어서입니다. 하나의 스위치를 끊어도 나머지 부분에는 전류가 계속 흐르기 때문에 사용하는 데 별 무리가 없습니다.

전선 위에 앉아 있는 새들을 보면 전선 위에 양발을 동시에 올려놓고 있습니다. 만약 새와 전선을 저항이라 본다면 새가 전선위에 앉아 있는 것은 두 저항이 병렬로 연결되어 있다고 볼 수 있습니다. 이 경우 새의 몸과 양발 사이의 전선에 똑같은 크기의 전압이 걸리지만 새의 저항이 전선에 비해 엄청나게 크기 때문에 전류가 적게 흐릅니다. 그래서 새는 거의 영향을 받지 않습니다. 만약 새가 아닌 사람이 철봉에 매달리듯이 전선에 매달리면 큰 문제가 없습니다. 그러나 발

비벨론의 이스타르 문

을 땅에 닿게 한다든지 한손을 놓는 행동을 하면 전위차가 커져서 전류가 많이 흐르게 되고 결국 감전 사고로 이어지게 됩니다.

다니엘의 세 친구가 불 가운데서 안전하게 살아난 모습은 인간의 머리로는 이해할 수 없습니다. 그러나 하나님이 함께하면 풀무불이 일곱 배나 더 뜨거워도 안전합니다. 하나님과 함께하면 우리는 어떤 상황에서도 문제가 없습니다. 전선이 병렬로 연결되듯이 하나님과 동행하는 삶을 산다면 불 가운데서도 뛰어 놀게 될 것입니다. 그러나 하나님을 떠나면 우리는 즉시 불에 타서 죽듯 위험에 처하게 될 것입니다.

06

벨사살(바벨론)의 멸망

"기록된 글자는 이것이니 곧 메네 메네 데겔 우바르신이라
그 글을 해석하건대 메네는 하나님이 이미 왕의 나라의 시대를 세어서
그것을 끝나게 하셨다 함이요 데겔은 왕을 저울에 달아 보니
부족함이 보였다 함이요 베레스는 왕의 나라가 나뉘어서 메대와 바사
사람에게 준 바 되었다 함이니이다" (단5:25-28)

 열린 마음

1 나의 주위에 교만으로 인생을 불행하게 마친 사람들의 예를 말해 보십시오. 어떤 경우에 사람이 교만하게 되는지 이야기해 보십시오.

_____

_____

 말씀 먹기

● 다니엘 5:17-31을 읽고 다음 질문에 답해 보십시오.

1 다니엘은 벨사살 왕의 예물에 관심이 없습니다. 그것과 상관없이 왕이 보여 준 이상한 글자를 해석해 드리겠다고 말합니다. 그 전에 왕의 아버지에 대한 이야기를 하는데 그 내용은 무엇입니까? (18-21)

_____

_____

💡 되새김 이전 왕인 느부갓네살에게 하나님은 큰 영광을 주었는데 그가 교만하여 하나님이 그 영광을 빼앗아 짐승처럼 비참하게 살았던 적이 있었습니다. 왕을 세운 것은 하나님이십니다. 죽이고 살리고 높이고 낮추는 분은 인간이 아닌 하나님이십니다. 이것을 아는 왕이 진정한 왕입니다.

2 바벨론의 마지막 왕인 벨사살은 아버지 왕들의 이야기를 알고서도 어떻게 행동했습니까? (22-23)

💡 되새김 벨사살 왕은 이런 역사적 교훈을 알고서도 거부했습니다. 물론 지금 다니엘의 가르침에도 귀를 기울이지 않았습니다. 심지어 하나님의 성전에 있는 기물을 가지고서 술잔으로 쓰는 악한 일을 행했습니다. 더 자극적인 것을 원하는 인간의 죄악을 보게 됩니다. 왕의 생명이 하나님에게 있는 것을 알지 못하고 그것을 거부하는 왕을 책망합니다. 오늘날 우리들도 이와 같은 모습을 행하고 있습니다.

3 벨사살 왕의 잔치에서 손가락이 나와 글자를 기록한 이유는 무엇입니까? 다니엘이 해석한 그 글자의 의미는 무엇입니까? (24-28)

💡 되새김 이제 왕의 시대는 끝이 났다는 것입니다. 왕으로서 자격미달이 되어 더 이상 왕의 자리를 유지하기 힘들다고 말합니다. 왕을 세운 분도 하나님이시요 왕을 끝나게 하시는 분도 하나님이십니다. 어리석은 사람들은 이것을 모르고 모든 것이 자기 힘으로 사는 것인 양 생각합니다.

4 이런 위기의 메시지를 받고서도 벨사살 왕은 어떻게 행동했습니까? (29)

💡 되새김 교만한 사람은 아무리 말을 해도 듣지 않습니다. 아니 그것이 마음에 들어오지 않습니다. 이미 강퍅해진 왕의 모습을 보여 주고 있습니다. 오히려 다니엘에게 금 사슬을 목에 드리우게 하면서 그를 셋째 통치자로 삼습니다. 첫째는 아직 살아 있는 자기 아버지이고 두 번째는 자기이고 세 번째는 다니엘입니다. 아직도 상황 파악이 안 되는 왕을 봅니다.

5 하나님의 경고를 듣지 아니한 벨사살 왕, 그날 밤에 어떻게 되었습니까? (30-31)

_____

_____

 되새김 그날 밤에 왕은 죽게 됩니다. 하루를 넘기지 못하고 왕은 끝이 납니다. 당시 바사 제국이 바벨론을 포위하여 성으로 들어오기 일보 직전이었습니다. 마르둑 제사장들이 배반하여 바사와 결탁하고 쳐들어 올 준비를 갖추었는데, 왕이 회개하지 않자 그날 밤에 쳐들어와 왕을 죽이고 한순간에 바벨론을 함락시켰습니다. 어리석은 자는 하나님이 하시는 일을 알지 못합니다. 혹시 오늘이 나의 '그날 밤'은 아닌가요?

🌸 생각해 보기

1 당시 가장 큰 제국이었던 바벨론은 교만하여 하나님의 심판을 받았습니다. 도저히 멸망할 것 같지 않던 바벨론과 벨사살 왕이 멸망당하는 모습을 보면서 느끼는 하나님의 섭리는 무엇입니까? (참고. 잠16:18)

_____

_____

바사의 다리오 왕 인장

1 나에게 있는 교만함을 찾아보고, 가장 먼저 해결해야 할 점은 무엇인
지 말해 보십시오.

2 과거의 교훈을 살펴보면 진리가 보이고 하나님의 뜻이 발견됩니다. 왜
사람들은 이런 일을 등한시한다고 생각합니까?

벨사살 왕 잔치

인생, 성공의 비결은?

큰 나라와 큰 지도자일수록 교만하기 쉽습니다. 세계에서 최고가 되면 교만에서 벗어나기 어렵습니다. 가장 많은 복을 받은 사람이 하나님을 거역하는 데 선봉이 될 수 있습니다. 사람에게 교만이 들어가면 축복이 저주로 바뀝니다. 역사적으로 보면 열강들이 오래가지 못하고 역사에서 사라지는 예를 볼 수 있습니다. 왜 그럴까요? 그것은 교만함 때문입니다. 사람이 늘 조심해야 할 것은 교만함입니다. 하나님은 교만함을 그냥 두고 보지 않습니다. 어떻게 하면 인간의 교만함을 이길 수 있을까요? 그것은 하나님을 믿고 신뢰할 때 가능합니다. 하나님을 저버리게 되면 인간은 순식간에 교만함에 사로잡히게 됩니다. 우리 주위에는 하나님에 대항하며 교만하다가 멸망한 사람들을 수없이 봅니다.

십대들에게 가장 필요한 훈련이 있다면 그것은 겸손함입니다. 교만을 배우면 안 됩니다. 언제나 하나님 앞에서 •겸손하지 않으면 미래에 희망이 없습니다. 느부갓네살 왕과 벨사살 왕이 모두 그렇게 끝을 맺었습니다.

하나님은 겸손한 자를 사랑하시고 그런 사람을 높게 세우십니다. 당장은 교만한 사람이 승리하는 것 같지만 나중에는 비참하게 인생이 마무리됩니다. 하나님 앞에서 늘 겸손하십시오. 그것이 인생 성공의 최고 비결입니다.

튼튼한 벽을 믿다가 그만……

바벨론은 느보 왕 때 앗수르에서 독립한 신바벨론으로 그의 아들 느부 갓네살 왕이 통일한 대제국입니다. 바벨론은 이스라엘을 멸망시킨 나라로 당대에 제국이었습니다. 예레미야는 바벨론이 화려한 도시로 몇 세기 동안 지속되었다고 전합니다(렘21장). 특히 바벨론은 1899년 독일 고고학자의 탐사에 의해 바벨론의 위용이 빛을 보았는데, 이 도시는 이중성벽으로 둘러싸여 있었습니다. 안쪽 성벽 또한 두 개의 이중벽으로 건축되었습니다. 높이는 6.5미터, 두께는 3.7미터, 두 벽 사이에는 7.2미터의 간격이 있고 그 간격은 길로 이용되었습니다. 바깥 성벽은 높이가 7.12미터, 두께 3.3미터로 위풍당당했습니다. 성벽 밖에는 방어를 목적으로 80미터의 수로가 놓여 있었습니다. 도시에 들어가려면 누구나 이 큰 문을 지나야 했는데 이스타르 바벨론의 신이 그려진 대문은 유약을 바른 무늬로 장식된 벽돌로 둘러싸여 있어 지금까지도 보는 이로 하여금 감탄을 자아내게 합니다.

벨사살 왕은 바벨론의 마지막 왕으로 그의 아버지는 나보니두스였습니다. 아버지와 함께 통치를 했는데 나보니두스는 자리를 비워 아라비아에서 별궁을 짓고 살았습니다. 바벨론의 마지막 왕이라 할 수 있는 벨사살 왕은 바벨론의 크고 웅장한 벽을 믿고 술잔치를 벌였습니다.

마르둑 제사장들이 반기를 들고 바사의 왕과 동조한 것도 모르고 술잔을 기울이고 있다가 졸지에 죽임을 당했습니다. 우리의 피난처는 하나님이십니다. 튼튼한 성벽이 우리를 지켜 주는 것이 아닙니다. 하나님보다 다른 세상의 것을 의지하는 나라들은 모두 멸망하고 말았습니다. 나는 무엇을 믿고 살아갑니까?

07

사자굴 속의
다니엘

"다니엘이 이 조서에 왕의 도장이 찍힌 것을 알고도 자기
집에 돌아가서는 윗방에 올라가 예루살렘으로 향한 창문을 열고 전에 하던 대로 하루
세 번씩 무릎을 꿇고 기도하며 그의 하나님께 감사하였더라" (단6:10)

🌸 열린 마음

1. 그동안 살아오면서 주변의 사람들이나 친구들에게 억울하게 당한 수모나 음모가 있었습니까? 그때 나는 어떻게 행동했는지 말해 보십시오.

_____

_____

🌸 말씀 먹기

● 다니엘 6:10-24을 읽고 다음 질문에 답해 보십시오.

1 왕은 간신들의 음모로 다니엘을 죽이는 법에 동의했습니다. 다니엘은 왕의 도장이 찍힌 규례를 알고서도 어떻게 했습니까? (10)

_____

_____

💡 되새김 다니엘은 평상시처럼 행하는 기도의 시간을 가지면 자기가 죽는다는 것을 알고서도 자기 집으로 돌아가 예루살렘을 향하여 하루에 세 번씩 기도를 했습니다. 주변의 환경과 아무런 상관을 하지 않는 절대적인 신앙의 모습을 봅니다. 주변의 모습에 결코 흔들리지 않는 모습입니다. 진정한 신앙이 어떤 것인지를 보여 줍니다.

2 마침 자기들이 생각했던 대로 다니엘이 기도하는 모습을 보고 왕에게 어떻게 고소했습니까? (11-13)

💡 되새김 대적들이 예상했던 대로 다니엘이 기도하자 그것을 왕에게 바로 고소합니다. 이것은 그만큼 다니엘의 신앙이 충직했음을 보여 주는 대목입니다. 대적들도 다니엘의 신앙의 절대성을 이미 알고 있었기에 이 부분을 공격했습니다.

3 왕이 이 말을 듣고 어떻게 했습니까? (14)

💡 되새김 왕은 그 장본인이 다니엘이라는 말에 심히 근심하고 다니엘을 구원하려고 애를 쓰는 모습입니다. 왕이 다니엘을 구하려고 하는 모습은 보기 드문 일입니다. 얼마나 왕이 다니엘을 신뢰했으면 이런 모습이었을까 생각해 봅니다. 우리가 세상에 이런 다니엘과 같은 인정을 받아야 하는데 그렇지 못한 것은 안타까운 일입니다.

4 대적 무리들이 이런 왕의 행동을 보고 어떻게 했습니까? (15)

💡 되새김 대적 무리들은 왕이 다니엘을 살리려 하는 것을 눈치 채고 왕에게 나아가 왕의 약속을 변개하면 안 된다고 윽박지릅니다. 왕이 악한 신하들의 올무에 빠져들었습니다. 우리 주위에는 우리를 속이고 넘어뜨리려는 계략이 늘 도사리고 있음을 잊지 말아야 합니다.

5 왕은 어쩔 수 없이 다니엘을 사자굴에 넣고 어떻게 행동했습니까?
(16-18)

💡 되새김 해결책을 찾지 못한 왕은 식음을 전폐하고 밤이 되도록 다니엘을 위하여 금식합니다. 참 감동적인 장면입니다. 다니엘과 왕의 관계를 다시 생각해 보게 하는 장면입니다.

6 왕이 이튿날 새벽에 가서 다니엘과 대화하는 모습을 말해 보십시오.
(19-22)

💡 되새김 왕은 다니엘이 항상 섬기는 하나님이라고 말하면서 그 하나님이 다니엘을 구원하셨느냐고 묻습니다. 그러자 다니엘이 아침에 왕께 인사하듯이 굴속에서 인사를 합니다. 다니엘은 하나님이 천사들을 보내어 자기를 조금도 상하지 않게 하시고 구원하셨다고 말합니다. 도저히 사자굴에 던져진 사람이라고 보기 어려운 여유있는 모습입니다.

7 이때 다니엘의 모습은 어떠했습니까? 아울러 다니엘을 고소했던 사람들은 어떻게 되었습니까? (23-24)

💡 되새김 여기서 다니엘을 이렇게 구원한 것은 전적으로 하나님을 의뢰하였기 때문이라고 말합니다. 하나님을 전적으로 신뢰하는 것이 필요합니다. 그때 기적이 일어납니다. 다니엘을 고소했던 자들이 사자굴에 던져졌습니다. 자기들이 파놓은 함정에 자기들이 빠진 꼴입니다. 이것이 악한 사람들의 마지막 모습입니다. 그리스도인은 마지막에 승리를 합니다. 끝까지 인내하면 좋은 일이 있을 것입니다.

생각해 보기

1 하나님에 대한 절대적인 믿음이 다니엘을 구했습니다. 다니엘이 이런 믿음을 갖게 된 비결을 말해 보십시오. 이 사건을 통해 우리가 가져야 할 신앙의 모습에 대해서 말해 보십시오. (참고. 히11:33; 벧전4:12-13)

삶의 적용

1 내가 다니엘이라면, 다니엘처럼 왕의 도장이 찍힌 것을 알고서도 담대하게 자기가 행하던 일을 평상시처럼 행할 수 있을까요?

2 인생에서 사자굴과 같은 어려움에 처할 때를 대비해 나는 평소에 어떤 믿음을 가져야 한다고 생각합니까?

죽고 사는 것은 하나님에 달려 있다

죽고 사는 것은 나에 달려 있는 것이 아닌 전적으로 하나님에 달려 있습니다. 그런데 사람들은 자기 힘으로 인생을 살려고 합니다. 그러나 그것은 어리석은 일입니다. 인생은 자기가 살고 싶다고 해서 사는 것이 아닙니다. 자기들이 살려고 다니엘을 고소하면서 음모를 꾸몄던 사람들은 나중에 처자식까지 모두 죽었습니다. 그러나 하나님에게 모든 것을 맡기고 생명을 하나님에게 의지한 다니엘은 살았습니다. 살고자 하는 사람은 죽고 죽고자 하는 사람은 오히려 살았습니다.

그리스도인은 하나님을 신뢰하면서 하나님의 힘으로 살아가는 사람입니다. 우리가 죽고 사는 것은 하나님에게 달려 있습니다. 그리스도인은 두려울 것이 없는 사람입니다. 사방으로부터 우격다짐을 당해 죽을 상황일지라도 하나님이 보호하시면 살아납니다. 중요한 것은 내가 얼마나 믿음을 가지고 있

사자굴 속의 다니엘

느냐입니다. 어려울수록 하나님에 대한 믿음을 더 담대하게 가지고 살아야 합니다. 이것이 그리스도인이 가져야할 믿음의 자세입니다.

십대의 시기에 중요한 것은 하나님에게 붙잡힌 바 있는 것입니다. 이것을 가능한 빨리 알아서 그것에 목숨을 걸어야 합니다. 다니엘처럼 …… 그러면 나의 인생을 하나님이 축복해 주시고, 나를 위대하게 사용하실 것입니다.

최고의 나라 바사, 그러나……

바사는 금이 많은 나라였습니다. 그리스 전승에 따르면 알렉산더 대왕이 바사 제국의 수도 수사에 입성할 때 금 4만달란트를 얻었다고 합니다. 다리오 왕은 수사궁전을 짓기 위해 바벨론 사람들에게 벽돌을 만들게 했고, 앗수르 사람들에게는 레바논의 삼목을 들여오게 했으며 메대와 이집트 사람에게는 금세공을 하게 했습니다. 당시 바사 유적을 살펴보면 세계에서 가장 사치스러운 나라였음을 알 수 있습니다.

바사는 종교면에서 아주 자유로웠습니다. 특정한 신앙을 강요하지 않았고 예배의 자유를 통제하는 규정도 없었습니다. 고레스 왕은 바벨론에 포로로 잡혀 온 사람들이 자기 재산을 찾아 고국으로 돌아가게 했습니다. 이런 정책은 관용을 베풀었다기보다는 그렇게 함으로 지역관할구의 자연스러운 협력을 얻어낼 목적이었다고 여겨집니다.

그 대가로 조국으로 돌아간 사람들은 바사 제국에 전투원조와 세금을 납부해야 했습니다. 바사가 급성장한 비결은 정치 노선뿐 아니라 용병의 기동력을 이용하여 전쟁을 벌이는 새로운 기술 때문이었습니다. 그들의 전투방식은 여러 방향에서 오는 공격을 피하면서, 사방에서 비 오듯 날아오는 화살공격으로 놀란 적을 포위하는 것이었습니다. 이러한 전투 방식으로 고레스는 알렉산더에게 패배하기 전까지 200년 넘도록 제국을 정복했습니다.

그렇게 대단한 나라였지만 멸망할 때는 한순간에 역사 속에서 사라졌습니다. 사람의 영광은 잠시입니다. 사라지고 나면 아무것도 아닙니다. 일시적인 영광보다 영원히 누리는 영광이 중요합니다. 인생도 이와 같습니다. 잠시 동안 좋은 것보다 영원히 사는 길을 택해야 합니다.

08

네 짐승 환상

"나라와 권세와 온 천하 나라들의 위세가 지극히 높으신 이의
거룩한 백성에게 붙인 바 되리니 그의 나라는 영원한 나라이라 모든 권세 있는
자들이 다 그를 섬기며 복종하리라" (단7:27)

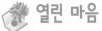 열린 마음

1 지금 내가 하는 공부는 어떤 것들입니까? 그것이 나에게 주는 유익은 무엇입니까? 신앙공부와 학교공부의 차이점을 말해 보십시오.

_____

_____

말씀 먹기

● 다니엘 7:15-28을 읽고 다음 질문에 답해 보십시오.

1 다니엘은 그동안 꿈을 해석해 왔지만 지금 자기에게 주어진 꿈은 해석이 힘들었습니다. 그때 하나님이 천사를 통해 해석해 주셨는데 그 내용은 무엇입니까? (15-22)

1) 큰 짐승은 무엇을 말하고 있습니까? (17)

_____

_____

2) 누가 영원한 나라를 누리게 됩니까? (18)

_____

_____

3) 열 뿔 사이에 나온 작은 뿔은 어떤 모습입니까? (19-20)

_____

_____

4) 작은 뿔들은 성도들과 싸워 어떻게 되었습니까? (21)

_____

_____

5) 나중에 성도들은 어떻게 됩니까? (22)

_____

_____

💡 되새김 여기서 뿔은 악한 통치자를 의미합니다. 세상의 치열한 권력 싸움을 뿔들의 전쟁을 통해 그리고 있습니다. 뿔이 성도들을 이기지만 나중에는 성도가 이기게 됩니다. 그리스도인은 사단과의 싸움에서 이미 승리가 보장되어 있습니다. 잠시는 패배하는 것 같지만 결국은 우리가 승리하게 됩니다. 그리스도인은 사단과 싸움을 무서워 할 필요가 없습니다.

2 천사가 해석한 열 뿔과 작은 뿔에 대해서 말해 보십시오.

1) 열 뿔은 무엇입니까? (23-24)

_____

_____

2) 작은 뿔은 누구를 복종시키게 됩니까? 작은 뿔은 나중에 누구를 대적하며 성도를 얼마나 괴롭힙니까? (25)

_____

_____

💡 되새김 여기서 한 때와 두 때와 반 때는 3년 반으로 성도들이 당하는 환란을 의미합니다. 적그리스도가 나타나서 교회와 성도들을 핍박하는 기간을 의미합니다. 정확한 기간은 알 수 없습니다. 악한 사람들의 힘은 잠시입니다. 우리는 이때를 잘 이겨야 합니다. 세상에서 우리가 당한 고난도 마찬가지입니다. 인내하고 참고 기다리면 그리스도인은 승리하게 됩니다. 결국 고난은 끝이 납니다.

3 나중에 일어나는 심판의 모습에 대해서 말해 보십시오. (26-27)

_____

_____

💡 되새김 하나님의 심판이 시작되면 악한 세력은 멸망하게 됩니다. 악의 세력은 하나님의 백성에게 붙잡히게 됩니다. 하나님의 나라는 영원합니다. 그리스도인은 잠시 있는 세상의 세력에 유혹당하지 말고 영원한 나라를 바라보면서 살아야 합니다.

4 천사의 해석을 들은 다니엘의 모습은 어떠했습니까? (28)

_____

_____

💡 되새김 다니엘이 이렇게 번민하게 된 것은, 궁극적으로는 성도들이 승리하지만 세상의 힘 있는 사람들이 나중에 받을 심판을 생각하면 마음에 심한 압박감을 느꼈을 것입니다. 다니엘은 이것을 마음에 간직하고 감추었습니다. 오늘도 하나님을 믿지 않는 사람들이 당할 멸망의 모습을 생각하면 가슴이 아픕니다.

생각해 보기

1 세상에서 그리스도인의 삶은 결코 쉽지 않습니다. 악한 통치자들이 나타나서 믿음의 사람들을 핍박하지만 그것은 일시적인 핍박(3년 반의 환란)입니다. 결국 악한 사람들은 하나님의 심판을 받게 됩니다. 이것을 통해서 발견되는 환란과 고난에 대한 우리의 자세를 말해 보십시오. 이것을 이기기 위해서 어떤 준비를 해야 합니까?

삶의 적용

1 나는 세상의 악한 일들을 어떤 시선으로 바라보아야 합니까?

2 인생을 살면서 끝까지 믿음을 지키기 위한 방법을 말해 보십시오.

하나님의 손안에서 움직이는 세상의 역사

세상의 모든 것은 하나님의 프로그램에 따라 진행됩니다. 하나님을 믿는 사람에게는 지혜를 얻는 능력이 주어집니다. 하나님이 다니엘에게 보여 주신 꿈은 세상의 마지막 날에 일어날 이야기입니다. 한마디로 정리하면, 아무리 세상의 세력이 득세한다 해도 그것은 잠시뿐이고 결국은 멸망하게 된다는 것입니다. 무엇이든지 마지막을 알면 중간은 잘 모른다 해도 인생이 쉽습니다. 마치 인생의 답을 알고 사는 것과 같기 때문입니다. 그리스도 인의 삶은 아무리 세상이 힘들어도, 또 실패한다 해도 우리의 마지막은 승리입니다. 모든 것이 합력하여 선을 이루게 됩니다. 이것을 믿는다면 아무리 힘들어도 우리는 기뻐할 수 있습니다.

우리는 성경을 통해서 이런 사실을 날마다 재확인하고 믿음에 굳세게 서야 합니다. 당장에 나타나는 일시적인 모습에 현혹되지 말고 하나님의 계획에 초점을 맞추어야 합니다. 하나님의 역사를 읽고 그 계획에 따라 살아가는 사람이 될 때 헛된 삶을 살지 않게 됩니다.

대부분의 사람들은 잠시 있는 유행과 힘과 명예와 재물에 집착합니다. 안개처럼 사라질 것임을 알면서도 그것을 붙잡고 있습니다. 마지막에 오실 영원한 통치자 예수님을 바라보면서 살아가는 크리스천 십대가 되어야 합니다. 이런 믿음이 있다면 어떤 어려움도 이길 수 있습니다. 당장 눈앞만 보지 말고 먼 미래를 바라보고 세상의 끝을 향하는 것이 진정한 지혜입니다.

두뇌와 신앙

다니엘이 꿈을 꾸며 이상을 받은 곳은 사람의 뇌였습니다. "바벨론 왕 벨사살 원년에 다니엘이 그 침상에서 꿈을 꾸며 뇌 속으로 이상을 받고 그 꿈을 기록하며 그 일의 대략을 진술하니라"(1:1) "나 다니엘이 중심에 근심하며 뇌 속에서 이상이 나로 번민케 한지라"(1:15) 하나님은 꿈과 이상을 주실 때 뇌를 사용하셨습니다.

요즘 뇌과학은 많이 발달하였습니다. 특히 공부와 연관하여 뇌를 연구하는 사람들이 많이 늘어나고 있습니다. 사람의 뇌는 하나님이 만드신 인체의 구조 중에 가장 신비로운 곳입니다. 인체에서 뇌는 전기의 퓨즈상자와 같은 역할을 합니다. 두뇌는 신체가 하는 모든 일을 조정하고, 사람으로서 살게 해 주는 역할을 합니다. 뇌가 고장이 나면 사람으로서 제 기능을 다하지 못합니다. 뇌는 꿈을 꾸고, 상상하고 추리하고, 사랑에 빠지고 탐욕에 빠지며, 기계를 발명하고 농담하는 일에 관여합니다. 두뇌는 무게가 3파운드이지만 가장 복잡하고 또 미지의 영역에 있는 장기입니다. 흔히 뇌를 컴퓨터에 비유합니다. 뇌의 80퍼센트는 수분이며, 나머지 20퍼센트는 물리적·화학적 구조를 가지고 있습니다. 일반적으로 뇌의 해부구조는 두 가지 기능에 따라 분류합니다. 하나는 지능적인 부분이고 하나는 본능적인 부분입니다. 이것을 다시 나누어 이해하면 다음과 같습니다.

—뇌간: 척수와 연결되어 있는 부문으로 호흡·소화·심장 박동조절의 기능을 담당합니다.
—소뇌: 근육의 조화로운 동작·반사·평형 기능을 담당합니다.
—대뇌: 가장 바깥에 위치한 부분으로 사람의 생각을 조합하고 복잡한 많은 일들을 담당합니다.

—좌뇌: 말하기 · 쓰기 · 언어 · 계산 등 구체적인 부분을 담당합니다.

—우뇌: 공간 · 음악 등 창조적인 부분을 담당합니다.

—전두엽: 계획 · 성격 · 행동 · 감정 등을 조종하고, 옳고 그름을 가리고 추상적인 사고를 하도록 도와줍니다.

—두정엽: 팔과 다리의 감각과 운동을 담당합니다.

—후두엽: 보는 일을 맡아 합니다.

—측두엽: 양쪽 귀에 가까운 부분으로서 소리를 듣는 것과 단기 기억을 담당합니다.

뇌는 하나님이 주신 인간의 선물입니다. 뇌 역시 인간의 노력으로만은 한계가 있습니다. 하나님이 뇌를 사용하실 때 탁월한 능력을 발휘할 수 있습니다. 뇌의 각 기능을 알고 그것을 삶에 적용하면 공부에도 유익이 됩니다. 하나님을 배제한 채 인간의 노력과 기계의 힘을 빌려 뇌를 개발하는 것은 위험합니다. 이것은 잘못될 가능성이 높습니다. 뇌에 악한 영이 들어가면 이전보다 더 위험해질 수 있습니다. 뇌 속에 하나님의 영을 담고 그것으로 뇌를 사용한다면 놀라운 힘을 발휘할 수 있을 것입니다.

다니엘서를 기록한 아랍어

09

다니엘의 기도

"주여 들으소서 주여 용서하소서 주여 귀를 기울이시고 행하소서
지체하지 마옵소서 나의 하나님이여 주 자신을 위하여 하시옵소서 이는 주의 성과
주의 백성이 주의 이름으로 일컫는 바 됨이니이다" (단9:19)

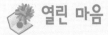 **열린 마음**

1 기도란 무엇인지 각자 정의해 보십시오. 기도하면 떠오르는 단어나 생각들을 말해 보십시오.

_____

_____

 말씀 먹기

● 다니엘 9:3-19을 읽고 다음 질문에 답해 보십시오.

1 70년 후에 이스라엘을 포로에서 풀려나게 하실 것이라는 하나님의 뜻을 깨달은 다니엘이 이후에 한 일은 무엇입니까? (3)

_____

_____

💡 되새김 하나님의 뜻을 깨달은 이후에 할 일은 기도입니다. 그리스도인의 기도는 자기 생각에 따른 기도가 아닌 말씀에 근거한 기도가 되어야 합니다. 말씀에 따라 기도하는 습관이 중요합니다. 기도는 나의 요구를 구하는 것이 아닌 말씀을 실천하기 위한 기도입니다.

2 다니엘의 기도내용을 정리해 보십시오.

1) 하나님은 어떤 분이십니까?(하나님의 성품) (4) .

74

2) 인간의 죄에 대한 회개의 내용을 말해 보십시오(회개). (5-6)

3) 인간의 죄의 결과에 대해서 말해 보십시오(하나님의 뜻 깨달음).
(7-8)

4) 하나님의 자비를 구하는 내용을 말해 보십시오(은혜간구). (9)

5) 죄에 대한 구체적인 참회의 내용을 말해 보십시오(죄의 실상고
백). (10-11)

6) 재앙에 대한 원인과 상황을 말해 보십시오(재앙의 해석). (12-15)

7) 용서와 은혜를 구하는 내용은 무엇입니까?(하나님의 자비구함)

   (16-19)

💡 되새김 다니엘의 기도는 하나님의 성품과 과거에 이스라엘 백성이 지은 죄와 그
것에 따른 결과와 하나님의 자비를 구하는 기도로 가득 차 있습니다. 그동안의 이스
라엘 역사가 그대로 기도에 배어 있습니다. 이스라엘 백성이 죄를 범한 것을 회개하
면서, 이렇게 포로의 재앙을 당한 것은 그 죄의 결과임을 말합니다. 주의 자비를 구
하면서 인간 자신을 위해서가 아닌 주님 자신을 위해 모든 일이 이루어지기를 구하
는 점이 큰 감동으로 다가옵니다.

 생각해 보기

1 이스라엘이 포로의 재앙을 당한 것은 하나님의 말씀을 어겼기 때문입
  니다. 재앙은 죄의 결과로 온 것이고 그것은 결국 하나님이 백성을
  돌아오게 하기 위한 하나님의 사랑이었습니다. 그리스도인이 당하는
  재앙과 핍박에 대한 바람직한 자세는 무엇입니까?(욥1:21-22, 2:6) 아울
  러 다니엘의 기도 특징 중에 "주를 위하여"(17, 19)라는 의미를 말해 보
  십시오.

 삶의 적용

1 나의 기도를 다니엘의 기도와 비교할 때 다른 점을 말해 보십시오.

2 기도는 하나님의 뜻을 찾는 것입니다. 나의 기도는 주를 위한 기도입
니까? 아니면 나를 위한 기도입니까?

바벨론 사자 문

누구를 위한 기도인가?

모든 세상의 역사는 말씀대로 이루어집니다. 성경을 잘 살펴보면 세상의 역사가 어떻게 진행해 나가고 있는지 알 수 있습니다. 기도 역시 말씀에 따라서 기도해야 합니다. 많은 기도가 자기생각을 아뢰는 식인데, 이것은 기독교의 기도가 아닙니다. 자기가 구하는 것을 아뢰는 기도는 하나님의 뜻과 어긋납니다. 자기가 구하는 것을 아뢰되 언제나 하나님의 뜻과 연관을 맺어야 합니다. 그리스도인의 기도는 하나님의 뜻을 찾아가는 기도입니다. 하나님이 나를 위해 다가오시는 것이 아닌 내가 하나님을 향해 다가서는 것입니다. 기도를 많이 하면 할수록 우리는 하나님 앞에 가까이 다가서게 됩니다. 이런 면에서 말씀에 근거하여 기도하는 것은 능력 있는 기도를 이루는 좋은 자세입니다. 다니엘도 하나님의 말씀을 깨달으면서 기도를 했습니다. 특히 다니엘의 기도는 자기를 위해서가 아닌 주님의 이름을 위한 기도였습니다. 기도를 통해 이루어지는 것은 나의 뜻이 아닌 하나님의 나라와 의입니다.

기도를 통해서 우리는 하나님을 더 알아가고 그분의 마음에 합한 사람이 될 수 있습니다. 이것이 우리가 기도해야 하는 중요한 이유입니다. 사이클을 하나님에게 맞추는 일은 쉽지 않습니다. 한 번에 맞추는 사람은 없습니다. 오랜 시간을 두고 기도하면서 하나님의 뜻을 맞추는 기도가 되어야 합니다. 지금부터 십대들은 하나님의 마음에 합한 기도를 하도록 노력해야 합니다. 그렇게 하면 언젠가는 우리도 다니엘과 같은 기도를 할 수 있을 것입니다.

아담 스미스의 '보이지 않는 손'

1723년에 태어난 아담 스미스는 『국부론』을 통하여 자유 경제 시장원리를 처음 주장했습니다. 아담 스미스는 국가 권력이 시민들의 경제활동을 간섭하지 않는 자유방임주의가 가장 바람직하다고 생각했습니다. 국가 권력이 간섭하지 않아도 '보이지 않는 손'이 알아서 경제활동을 최적의 상황으로 조정해 준다고 생각했는데, 여기에서 자본주의가 발전되었습니다. 이것의 결과로 생산력도 증가했고 편의시설도 늘었습니다. 그러나 문제는 이런 자유방임주의로 가진 자는 더욱 가지고 못 가진 자는 더욱 가난해지는 빈부의 격차가 커졌습니다. 아담 스미스는 자본주의의 양대 기둥인 시장 경제와 사유재산제도의 효율성을 주장했습니다. 국가가 간섭하지 않아도 시장 자체가 가격조절기능이 있다는 것입니다. 이런 그의 아이디어는 200여년이 지난 지금까지도 자본주의 근간이 되고 있습니다. 당시 시장이 무엇이고 경제가 무엇인지도 모르는 그때에 경제가 무엇인지 세상 사람들에게 보여 준 획기적인 아이디어였습니다. 원래 아담 스미스는 신학을 전공하여 성직자가 되기로 결심했었습니다. 그러나 나중에 흄의 사상에 영향을 받아 성직자가 되기를 단념했습니다.

'보이지 않는 손'이란 무엇을 의미할까요? 어쩌면 아담 스미스가 하나님을 생각하면서 사용한 단어일지도 모릅니다. 모든 것은 하나님이 주관하십니다. 그 보이지 않는 힘이 바로 하나님이라는 생각을 경제학에 적용한 것이라 할 수 있습니다. 그러나 나눔과 분배를 잊어버리고 인간의 자유와 탐욕이 늘어남으로 해서 오히려 자본주의는 많은 문제를 낳았습니다. 그러나 아담스미스가 제창한 "보이지 않는 손"의 원리는 대단한 것입니다.

이 안에는 인간이 간섭하려하지 말고 하나님의 손에 맡기라는 메시지가 담겨져 있습니다.

이것은 우리의 모든 영역에서 적용됩니다. 보이지 않는 손이 인간의 삶에 있습니다. 모든 것은 이것에서 결정됩니다. 이것을 인정하지 않고 내 힘으로 살려고 하면 실패하게 됩니다. 기도하는 것은 곧 보이지 않는 하나님의 손에 의지하는 것입니다. 그냥 방임하는 것이 아니라 하나님의 뜻에 맡기고 하나님의 생각대로 나를 바꾸는 것이 가장 좋은 인생의 성공방정식입니다.

10

마지막
때 일

"너는 가서 마지막을 기다리라 이는 네가 평안히 쉬다가
끝날에는 네 몫을 누릴 것임이라" (단12:13)

 **열린 마음**

1 세상의 종말에 대해서 나는 어떤 생각을 가지고 있습니까? 오늘이 세상의 마지막이라면 나는 무엇을 할 것인지 서로 생각을 나누어 보십시오.

_____

_____

 말씀 먹기

● 다니엘 12:1-13을 읽고 다음 질문에 답해 보십시오.

1 마지막 때에는 어떤 일이 일어납니까? (1-3)

_____

_____

💡 **되새김** 마지막 때에는 큰 환란이 옵니다. 지금까지 없던 큰 환란이 닥치게 됩니다. 그것은 믿음의 사람을 구별해 내기 위한 것입니다. 진정한 믿음을 가진 자를 찾기 위한 과정입니다. 우리는 그 환란을 통과해야 합니다. 지금 당하는 어려움은 그것을 위한 준비의 의미가 있습니다. 지혜를 가진 자는 그 환란을 잘 이겨 영원히 빛나는 사람이 될 것입니다.

2 천사는 다니엘에게 받은 말씀을 언제까지 봉합하라고 합니까? (4)

_____

_____

💡 되새김 하나님은 다니엘에게 마지막 때까지 이런 일에 대하여 감수하고 봉합하라고 말합니다. 하나님의 때가 될 때까지 함부로 퍼드리지 말라는 것입니다. 무엇이든지 말할 때가 있고 침묵할 때가 있습니다. 그리스도인은 하나님의 때에 따라 말하는 지혜가 필요합니다.

3 두 천사가 나타나서 양쪽의 강에서 나눈 대화의 내용은 무엇입니까?
(5-6)

_____

_____

💡 되새김 두 천사는 세상의 종말에 대해서 대화를 나누고 있습니다. 이들의 대화의 핵심은 언제 종말의 환란이 끝나느냐에 대한 질문입니다. 세상에서 아무리 힘든 고난이 있어도 죽음이 오면 끝이 나듯이 끝이 있습니다.

4 다니엘이 천사에게 들은 세상의 마지막 모습은 어떠했습니까? (7)

_____

_____

💡 되새김 환란의 7년 중에 3년 반은 아주 어려운 시기일 것이라고 말합니다. 성도들은 이런 환란을 당하면서 기진맥진하게 되겠지만 기간이 지나면 환란이 끝나게 될 것입니다. 여기서 3년이나 7년의 숫자는 실재 숫자가 아닌 상징적인 것으로 보아야 합니다.

5 다니엘이 그 내용을 깨닫지 못하자 하나님은 어떤 말씀을 하셨습니까? (8-12)

_____

_____

💡 되새김 환란이 믿음의 사람에게 주는 유익은 연단입니다. 지혜 있는 자는 이런 기간을 통해 연단을 받고 스스로 정결하게 되어 희게 될 것입니다. 그러나 악한 자들은 환란을 당해도 깨닫는 바가 없을 것입니다.

6 다니엘의 마지막 모습을 말해 보십시오. (13)

_____

_____

💡 되새김 다니엘의 마지막 모습은 평안히 쉬는 안식이었습니다. 인생의 마지막에 가지는 복은 평안입니다. 주안에서 죽는 자는 복이 있는데, 주님을 믿는 사람에게는 이런 복이 임합니다. 하나님의 뜻을 깨달으면 평안히 눈을 감을 수 있습니다. 우리의 마지막도 이렇게 마무리되어야 합니다.

 생각해 보기

1 하나님은 다니엘에게 세상의 마지막 일을, 왜 마지막 때까지 그 내용을 봉합하라고 하셨습니까? 그리고 자세한 날짜를 알려 주지 않았습니다. 그 이유는 무엇입니까?

_____

_____

삶의 적용

1 앞으로 닥칠 큰 환란을 이기기 위해 내가 평소에 해야 할 일은 무엇입니까?

_____

_____

2 다니엘서를 공부한 후에 내가 깨달은 점과 교훈을 말해 보십시오.

_____

_____

다리오 왕 무덤

바사의 고레스 왕

기다리는 신앙

지구의 종말이 올 때는 어떤 현상이 일어날까요? 성경은 대 환란이 일어날 것이라고 말합니다.

큰 핍박과 어려움이 일어나 사람들에게 믿음을 가지지 못하게 할 것이고 신앙을 저버리는 사람들이 많아질 것이라고 말합니다. 농부가 추수한 후에 알곡을 골라내기 위해서 하는 일은 바로 타작을 하는 것입니다. 타작을 통하여 영근 알곡을 골라냅니다. 타작의 매를 맞고도 살아나지 못하면 그것은 알곡이 아닙니다. 타작은 필연적인 과정입니다.

인간들의 삶도 마찬가지입니다. 세상의 마지막에는 하나님이 큰 환란이라는 타작을 행하십니다. 그것을 통해 믿음의 사람을 찾아내십니다. 보통 때는 믿음의 사람을 찾아내기 어렵습니다. 오히려 가라지가 알곡행세를 할 수 있습니다. 하나님이 세상의 마지막 때를 알려 주지 않은 것은 우리의 믿음을 위해서입니다. 하나님을 끝까지 기다리는 것은 믿음으로 가능합니다. 마지막 시대를 사는 크리스천 십대는 기다림의 신앙이 필요합니다. 그런 사람에게 복이 주어집니다. 믿음의 정도에 따라 기다림이 비례합니다. 주님이 오시는 그날까지 믿음을 가지고 어떤 어려움 속에서도 기다리며 하나님을 바라보는 삶을 그려 봅니다.

비정상적인 세포, 암

인간의 몸에 가장 무서운 존재가 암입니다. 암이라는 말만 들어도 사람들은 순식간에 절망적인 눈빛으로 변합니다. 암은 하나의 용어이지만 실제로는 한 종류의 질환이 아닙니다. 암은 여러 가지 다른 생애와 행동양식을 가진 수백 가지 형태의 질환입니다. 암을 제대로 이해하는 것은 쉽지 않습니다. 그런 이유로 모든 암을 치료하는 치료법은 존재하지 않습니다. 어떤 암의 경우는 수술이 필요하고, 어떤 암은 방사선 치료나 항암 치료가 최선일 수 있습니다.

암은 몸에서 세포분열을 하는 유전자의 아주 미세한 돌연변이라고 생각하면 됩니다. 비정상적인 세포가 나타나면서 이웃의 정상 세포를 모두 죽여 버리는 것이 암입니다. 암세포는 병든 상태로 주변의 정상적인 세포들을 파괴하면서 점점 자랍니다. 마치 황소 개구리라가 다른 개구리를 다 먹어 버리는 것과 같습니다. 영양공급을 잘 받은 암세포는 새로운 장소를 갈구하다가 혈관이나 림프관을 통해 탈출합니다. 이렇게 되면 우리 몸의 간, 폐, 뇌, 혈관 등으로 침투하여 전이가 됩니다. 암을 죽이기 위해 항암 치료를 하지만 이렇게 되면 정상 세포도 죽게 됩니다. 잘못하면 또 다른 문제를 낳을 수 있습니다. 가장 좋은 치료법은 운동과 좋은 음식과 기쁜 마음과 영적 활력소를 통해 악한 것들을 물리칠 수 있는 저항력을 자연스럽게 키우는 것입니다. 이것이 암에 대한 최고의 치료법입니다. 말씀의 은혜를 받으면 마음과 피가 맑아지고 기분이 좋아지면서 몸의 건강을 유지할 수 있습니다.

영적 세계에도 암이 존재합니다. 교회 속에 암과 같은 거짓선지자들이 들어와 교회공동체를 혼란하게 하고 파괴합니다. 또 악한 세력들이 정상적인 믿음의 사람을 핍박합니다. 마치 암이 정상적인 세포들을 죽이듯이 악의 세력들이 교회와 그리스도인에게 어려움을 줄 수 있습니다. 이것들을 이기기 위해서는 우리의 믿음을 튼튼히 해야 합니다. 어차피 악은 존재합니다. 그것을 피할 수 없습니다. 정상적인 믿음을 활성화시켜 주변의 악의 세력을 이기는 삶을 살아야 합니다.

저자 이대희 목사

장로회 신학대학교 신학대학원(M.Div)과 연세대학교 연합신학대학원(Th.M)을 졸업하고 현재 에스라성경대학원대학교 성경학박사(D.Liit) 과정 중이다.

예장총회교육자원부 연구원과 서울장신대학교 신학과 교수를 역임하고 서울 극동방송에서 "알기쉬운성경공부" "기독교 이해" 등 프로그램을 진행했다. 지난 20여 년 동안 성서사람 · 성서한국 · 성서교회 · 성서나라의 모토를 가지고 한국적 성경교육과 실천사역을 위해 집필과 세미나와 강의사역을 하고 있다. 현재 바이블미션(www.bible91.org) 대표, 꿈을주는교회 담임목사, 독수리기독중고등학교 성경교사, 강남성서신학원 외래교수, 서울장신대 겸임교수로 사역 중이다.

저서로 《30분 성경공부시리즈》《투데이 성경공부시리즈》《아름다운 십대 성경공부시리즈》《이야기대화식성경연구》《성경통독을 위한 11가지 리딩포인트》《심방설교 이렇게 준비하라》《예수님은 어떻게 교육했을까?》《1% 가능성을 성공으로 바꾼 사람들》《자녀를 거인으로 우뚝 세우는 침상기도》《하룻밤에 배우는 쉬운 기도》《하나님 이것이 궁금해요》《크리스천이 꼭 알아야 할 100문 100답》 등 100여 권이 있다.

다니엘 나는 바이블 영재!

틴~꿈 십대성경공부 | 구약책 시리즈 3

초판1쇄 발행일 | 2009년 3월 25일

지은이 | 이대희
펴낸이 | 박종태
펴낸곳 | 엔크리스토
마케팅 | 정문구, 강한덕, 신주철
관리부 | 이태경, 박재영, 김성득, 맹정애, 최현주

출판등록 | 2004년 12월 8일(제2004-116호)
주　　소 | 경기도 고양시 일산동구 장항동 568-17
전　　화 | (031) 907-0696
팩　　스 | (031) 905-3927
이메일 | visionbooks@hanmail.net
공급처 | 비전북 전화 (031) 907-3927 팩스 (031) 905-3927

ISBN 978-89-92027-64-9 04230

값 3,000원

● 잘못된 책은 바꾸어 드립니다.
● 이 교재의 사용 방법, 내용, 훈련, 세미나에 대한 문의는 바이블미션(02-403-0196, 016-731-9078)으로 해주시면 최선을 다해 도와드리겠습니다.

엔크리스토 성경공부 양육 교재

투데이 성경공부

평생 성경공부할 수 있도록 구성한 시리즈. 주제별로 구성되어 있어 각 교회의 상황에 맞게 커리큘럼을 재구성하여 사용할 수 있다.

101 신앙기초(전 9권 완간) | 201 예수제자(전 9권 완간) | 301 새생활(전 12권 완간)
601 성경개관(전 10권 완간) | 401 · 501 발간 예정

30분 성경공부

신앙생활의 기초를 다루었으며 신앙의 전체 그림을 그릴 수 있는 2년 과정의 소그룹 성경교재다. 성경공부를 시작할 때 사용하면 효과적이다.

믿음편 | 기초 · 성숙   생활편 | 개인 · 영성 · 교회 · 가정 · 이웃 · 일터 · 사회 · 세계
성경탐구편 | 창조시대 · 족장시대 · 출애굽시대 · 광야시대 · 정복시대/사사시대 · 통일왕국시대 ·
분열왕국시대 · 포로시대/포로귀환시대 · 복음서시대1 · 복음서시대2 · 초대교회시대 · 서신서시대

아름다운 십대 성경공부

십대들이 꼭 알아야 할 성경의 핵심내용과 기독교적 가치관, 세계관을 정립하는 데 필요한 핵심주제를 담고 있으며, 3년 과정으로 구성되었다.

101 자기정체성 · 복음 만남 · 신앙생활 · 멋진 사춘기 · 예수의 사람(전 5권)
201 가치관 · 믿음뼈대 · 십대생활 · 유혹탈출 · 하나님의 사랑(전 5권)
301 비전과 진로 · 신앙원리 · 생활열매 · 인생수업 · 성령의 사람(전 5권)

틴꿈 십대성경공부

성경 전체의 내용을 핵심적으로 구성되었으며, 성경 파노라마를 통해 십대들이 알아야 할 성경의 맥과 개관을 다루고 구약책과 신약책 중에서 십대에 맞는 책을 선택하여 집중적으로 유형별로 균형 있게 공부할 수 있다.

1년차 성경개관 | 성경파노라마 1, 2, 3, 4, 5(전5권)
2년차 구약책 | 창세기 · 에스더 · 다니엘 · 잠언 · 전도서(전5권)
3년차 신약책 | 누가복음 · 로마서 · 사도행전 · 빌립보서 · 요한계시록(전5권)

• 틴~꿈 새가족 양육교재

엔크리스토 성경공부 양육 교재

책별 66권 성경공부

성경 전체 66권을 각 권별로 자유롭게 선택하여 사용할 수 있는 성경공부.
성경 전체를 체계적으로 연구할 수 있다.

**창세기 1·2·3·4, 느헤미야, 요한복음 1·2, 로마서, 에스더, 다니엘, 사도행전 1·2·3
(계속 발간됩니다)**

엔크리스토 제자양육성경공부

한 사람을 온전한 제자로 만드는 과정으로 7단계로 구성되었다. 전도(복음소개)와
양육(일대일 양육, 이야기대화식 성경공부)과 영성(영성훈련)의 3차원을 통전적으로
연결되어 있으며 제자훈련 과정으로 적합하다.

**복음소개 · 일대일 양육 · 새로운 사람 · 성장하는 사람
변화된 사람 · 영향력 있는 사람 · 영성훈련(전7권)**

인도자를 위한 지침서

- 인도자 지침서(십대 성경공부 101·201·301시리즈) ㅣ 이대희 지음 ㅣ 각 10,000원
- 인도자 지침서(틴꿈 십대성경공부) ㅣ 이대희 지음 ㅣ 10,000원
- 인도자 지침서(엔크리스토 제자양육성경공부) ㅣ 이대희 지음 ㅣ 10,000원
- 인도자 지침서(30분 성경공부 믿음편 기초, 성숙ㅣ생활편 개인, 교회)
  ㅣ 이대희 지음 ㅣ 10,000원

성경공부에 필요한 참고 서적

- 이야기 대화식 성경연구 ㅣ 이대희 지음 ㅣ 10,000원
- 크리스천이 꼭 알아야할 100문 100답 ㅣ 이대희 지음 ㅣ 10,000원

엔크리스토 성경대학을 소개합니다!

특 징
성경 66권을 쉽고 재미있게, 깊이 있게 배우면서 한국적 토양에 맞는 현장과 삶에 적용하는 한국적 성경전문학교

모집과정(반별로 2시간씩이며 선택 수강 가능)
● 성경주제반: 성경의 중요한 핵심 주제를 소그룹의 토의와 질문을 통하여 배운다.(투데이성경공부/30분성경공부)
● 성경개관반: 66권의 성경 전체의 맥과 흐름을 일관성 있게 잡아준다.(잘 정리된 그림과 도표와 본문 사용)
● 성경책별반: 66권의 책을 구약과 신약 한 권씩 선정하여 워크숍 중심으로 학기마다 연구한다.(3년 과정)

모집대상
목회자반/ 신학생반/ 평신도반(교사, 부모, 소그룹 양육리더, 구역장, 중직)

시 간
월요일(오전 10시 30분~오후 5시 30분/ 개관반 · 책별반 · 주제반)

수업학제
겨울학기 : 12~2월 │ 봄학기 : 3~6월 │ 여름학기 : 7~8월 │ 가을학기 9~11월
(자세한 내용은 홈페이지 참조 요망. 학기마다 사정에 따라 일자가 변경될 수 있음)

수업의 특징
● 이야기대화식 성경연구방법으로 12주(3개월 과정) 진행
● 전달이나 주입식이 아닌 성경 보는 눈을 열어주고 경험하게 하면서 성경의 보화를 스스로 캐는 능력을 터득하게 하는 방법을 지향하며 소그룹 워크숍 형태로 진행

강사 : 이대희 목사와 현직 성서학 교수와 현장 성경전문 강사

장소 : 바이블미션
   서울시 송파구 가락동 96-5(지하철 8호선 가락시장역)

신청 : 개강 1주일 전까지 선착순 접수(담당 : 채금령 연구간사)

문의 : 바이블미션-엔크리스토 성경대학(016-731-9078, 02-403-0196)
   (홈페이지 www.bible91.org)